Berlin für Orientalisten.
Ein Stadtführer

■ Herausgegeben von Gerhard Höpp
und Norbert Mattes

2., aktualisierte Auflage

Klaus Schwarz Verlag Berlin

Die Deutsche Bibliothek - CIP-Einheitsaufnahme

Berlin für Orientalisten : ein Stadtführer / [Zentrum Moderner Orient.
Geisteswissenschaftliche Zentren Berlin e.V.] Hrsg. von Gerhard Höpp
und Norbert Mattes. – 2., aktualisierte Aufl. – Berlin : Schwarz, 2002
    ISBN 3-87997-500-0

Zentrum Moderner Orient
Geisteswissenschaftliche Zentren Berlin e.V.

Kirchweg 33
14129 Berlin
Tel. 030 / 80307 228

ISBN 3-87997-500-0

Bestellungen:
Klaus Schwarz Verlag
Bergstraße 2
12169 Berlin
Tel. 030 – 729 29 44

Redaktion und Satz: Margret Liepach
Einbandgestaltung: Jörg Rückmann, Berlin

Druck: Offset-Druckerei Gerhard Weinert GmbH, Berlin
Printed in Germany 2002

Gedruckt mit Unterstützung der Senatsverwaltung
für Wissenschaft, Forschung und Kultur, Berlin

INHALT

BERLIN FÜR ORIENTALISTEN HEUTE

Zusammengestellt von *Ralph Kühn* und *Norbert Mattes*

1. INSTITUTIONEN DER FORSCHUNG UND LEHRE

2. MUSEEN, BIBLIOTHEKEN UND DOKUMENTATIONS-STELLEN

3. ARCHIVE UND ORIENTALISTISCHE NACHLÄSSE

VORBEMERKUNG ZUR ZWEITEN AUFLAGE

Die erste Auflage des „Stadtführers" ist vergriffen, was Autoren, Herausgeber und Verlag gleichermaßen erfreut. Das zeigt, daß in dieser Zeit das Bedürfnis nach sachlicher Information über den islamischen Orient lebendig blieb: Der „Stadtführer" hat nachweisbar Wege zu Wissenschaftlerinnen und Wissenschaftlern in Berlin und Brandenburg gewiesen, die über Kenntnisse verfügen, welche u.a. dazu beitragen konnten und können, solche Geschehnisse wie die in den USA und in Afghanistan im vergangenen Jahr, aber auch andere Konflikte, vor allem die Auseinandersetzungen in und um Palästina, zu erklären. Um dies weiterhin zu ermöglichen, legen wir hier eine überarbeitete, ergänzte und aktualisierte Auflage des seinerzeit auf Initiative und mit Hilfe des Arbeitskreises Moderne und Islam erschienenen „Stadtführers" vor. Ob, was bei den wieder zu erwartenden zahlreichen Veränderungen in der „Szene" gewiß nötig wäre, weitere folgen können, steht noch dahin. Eine Alternative wäre die am Zentrum Moderner Orient entwickelte und seit November 2001 im Internet unter www.ber-waal.de abrufbare Datenbank „Berliner Wissensressourcen Afrika, Asien, Lateinamerika", welche Zugang zu Informationsquellen erlaubt, die über den islamischen Orient hinausgehen. Auf jeden Fall danken wir dem Zentrum dafür, daß es die zweite Auflage des „Stadtführers" ermöglicht hat

Gerhard Höpp, Norbert Mattes

Mai 2002

VORWORT

Seit dem Zuzug von Parlament, Regierung und diplomatischem Korps, der Zentralen von Parteien, Organisationen und Stiftungen sowie von wissenschaftlichen und kulturellen Instituten, von Gremien und Medien nach Berlin ist dort das Bedürfnis nach Wissen auch über den Orient sprunghaft gewachsen; es wird geteilt von Wissenschaftlern, Studenten und sonstigen Interessierten, die von Jahr zu Jahr zahlreicher aus dem In- und aus dem Ausland in die Hauptstadt kommen. Denn Berlin hat für sie etwas zu bieten! Die Metropole verfügt zweifellos über die höchste Konzentration orientalistischer Ressourcen in Deutschland. Manches davon, vor allem die großen Museen und Sammlungen, ist allseits bekannt und braucht kaum des ausdrücklichen Hinweises; vieles aber ist dem interessierten Blick des Besuchers und selbst des Berliners und Brandenburgers noch verborgen und muß sichtbar gemacht werden.

Stipendiaten des Arbeitskreises Moderne und Islam waren es gewesen, die angesichts der Kürze der ihnen zur Verfügung stehenden Zeit dringend darum gebeten hatten, ihnen möglichst konkrete Hinweise auf Gesprächspartner, Bibliotheken und Archive zu geben, die ihnen für ihre Projektarbeiten nützen könnten. Das brachte uns auf den Gedanken, ihnen, besser den nach ihnen kommenden, ein Hilfsmittel in die Hand zu geben, das ermöglichen würde, raschen Zugang zu benötigten Fundstätten des Wissens in Berlin zu erhalten. Wir haben uns dabei darauf beschränkt, zunächst Bedürfnisse von Menschen zu berücksichtigen, die sich für den islamischen Orient, d.h. für die besonders vom Islam geprägten Länder Afrikas, West-, Zentral-, Süd- und Südostasiens interessieren; weiterreichende Interessen könnten später einmal befriedigt werden.

Die vorliegende Broschüre bietet also Informationen über jene Orte, Einrichtungen und Personen in der Stadt und der näheren Umgebung, die den Interessierten Studienmaterial und Gesprächspartner bieten können: Einrichtungen der Lehre und Forschung, Museen, Bibliotheken und Archive, Medien, eine Auswahl orientalistischer Nachlässe. Der lebendige „Orient in Berlin", also die Vielzahl von Aktivitäten der in der Hauptstadt ansässigen Mitbürger aus Afrika und Asien, konnte hier begreiflicherweise nur ansatzweise erwähnt werden: Wir haben uns auf ihre Medien beschränkt; ausführlichere Informationen über diesen Aspekt kann der Interessierte u.a. aus Veröffentlichungen der Ausländerbeauftragten des Senats von Berlin, z.B. der Reihe „Miteinander leben in Berlin" und dem Periodikum „TOP Berlin international", gewinnen, auf die verwiesen wurde. Dafür haben wir uns entschlossen, dem „Stadtführer" einige Essays voranzustellen, in denen Berlins historische Bezüge und Beziehungen zum Orient, exemplifiziert durch Bauwerke und Persönlichkeiten, angedeutet werden.

Der Titel des Bändchens – „Berlin für Orientalisten" – mag bei manchem Leser Widerspruch oder wenigstens Unbehagen auslösen: Ein Wort darin, „Orientalist", ist ja spätestens seit Edward Saids „Orientalism"[1], jener herben Kritik an der Orientalistik und ihrer Rolle im System des Kolonialismus, ins Zwielicht geraten und wird deshalb von vielen gemieden. Wir kennen natürlich die Diskussion um und nach Said[2] und teilen auch weitgehend die darin geübte Kritik am Orientalismus und dessen Vertretern in Wissenschaft, Politik und Medien. Wenn wir dennoch die Bezeichnung „Orientalist" hier verwenden, dann tun wir das zum einen deswegen, weil wir glauben, daß nicht jeder Orientalist, schon gar nicht von jüngeren Generationen, auch Vertreter des Orientalismus ist, und zum anderen, weil uns schlicht kein besserer Begriff einfiel, der für einen möglichst kurzen Buchtitel brauchbar gewesen wäre. Wir verstehen hier unter „Orientalisten" ganz nüchtern jene Menschen, die sich, vorwiegend aus beruflichen Gründen, für den Orient interessieren und sich mit ihm und seinen Bewohnern multidisziplinär beschäftigen. „Orient" – noch so ein Reizwort! Auch uns ist die problematische Unschärfe dieses Konstrukts[3] wohl bewußt, das bzw. die nicht wenig zum Orientalismus und der darin befangenen Geisteshaltung und Praxis beigetragen haben[4]. Doch auch hier bekennen wir, pragmatisch gedacht und gehandelt zu haben, indem wir mit Orient, gewiß sehr Verschiedenes, aber auch manch Gemeinsames darunter subsumierend, die vom Islam geprägten Länder Afrikas und Asiens meinen, um die es hier geht.

Die in dem „Stadtführer" präsentierten Informationen haben viele Quellen: Die meisten wurden uns von den Betreffenden selbst übermittelt, andere haben wir den Medien, darunter dem derzeit modernsten, dem Internet, entnommen; Selbstdarstellungen haben wir durch Anführungsstriche kenntlich gemacht. Herausgeber, Autoren und Initiatoren dieses Bändchens mußten nach etlichen Verzögerungen sehr bald erkennen, daß die Vollständigkeit des „Stadtführers" keineswegs und seine

Aktualität nur sehr bedingt gesichert werden können; die Fluktuation im positiven wie im negativen Sinne ist in der hier vorgestellten bunten Landschaft von Einrichtungen mit unterschiedlichem Status, unterschiedlicher Rolle und personeller Zusammensetzung groß. Wir bitten deshalb darum, uns für Lücken oder Fehler in den Angaben weniger zu schelten als fortzufahren, uns konkrete Hinweise für Verbesserungen zu geben, die hoffentlich in aktualisierten Ausgaben des „Stadtführers" berücksichtigt werden können.

Zum Schluß unser herzlicher Dank an die zahlreichen Informanten aus vielen der hier aufgeführten Einrichtungen, an die Mitautoren Peter Heine, Ralph Kühn und Andreas Lange, an den Arbeitskreis Moderne und Islam und das Zentrum Moderner Orient, die die Herausgabe des „Stadtführers" ermöglicht haben, sowie an Margret Liepach, die aus dem Manuskript ein Buch gemacht hat.

Gerhard Höpp, Norbert Mattes

ANMERKUNGEN

1　Vgl. Edward Said, Orientalism, New York 1978.
2　Einen Überblick vermittelt Isolde Kurz, Vom Umgang mit dem Anderen. Die Orientalismus-Debatte zwischen Alteritätsdiskurs und interkultureller Kommunikation, Würzburg 2000.
3　Vgl. Martin W. Lewis/Kären E. Wigen, The Myth of Continents. A Critique of Metageography, Berkeley u.a. 1997.
4　Vgl. Thomas Scheffler, Exotismus und Orientalismus. In: kultuRRevolution. Zeitschrift für angewandte Diskurstheorie, (1995)32-33, S.105-111.

GERHARD HÖPP

Islam in Berlin und Brandenburg.
Steinerne Erinnerungen

Die heute noch sichtbaren Zeugnisse der Geschichte gewordenen Beziehungen Berlins und Brandenburgs zum islamischen Orient sind, sofern sie nicht als Handschriften, Bücher und Zeitschriften in Bibliotheken, Museen und Archiven aufbewahrt werden, vorwiegend aus Stein. Besonders eindrucksvoll für den Besucher sind die Grabmäler auf dem Islamischen Friedhof am Berliner Columbiadamm und auf dem Gefangenenfriedhof im brandenburgischen Zehrensdorf sowie die Moschee im Berliner Bezirk Wilmersdorf.

Tod eines Diplomaten

Der Islamische Friedhof, die vermutlich älteste Begräbnisstätte für Muslime in Mitteleuropa, geht auf das Jahr 1798 zurück. Damals, am 29. Oktober, starb in Berlin der osmanische Diplomat ʿAlī ʿAzīz Efendi an „der Wassersucht und einem hinzugekommenen Schlagflusse"[1]. Er war erst im Jahr zuvor als dritter Botschafter des Osmanischen Reichs an den preußischen Hof gekommen. Der begabte Dichter[2], der hier unter anderem mit dem orientalistischen Berater Goethes, Heinrich Friedrich von Diez (1751-1817), korrespondiert hatte[3], sorgte mit seinem Ableben für ein Faktum, das bis heute die Geschichte der Beziehungen zwischen Deutschland und dem islamischen Orient auf besonders anschauliche Weise reflektiert: die Errichtung eines „Türken-Friedhofs", der sich damals allerdings noch an einem anderen Platz als heute befand.

König Friedrich Wilhelm III. (reg. 1797-1840), der an einem weiterhin guten Verhältnis Preußens zur Pforte interessiert war, hatte dafür ein Gelände in der Tempelhofer Feldmark, um die heutige Urbanstraße in Kreuzberg herum, zur Verfügung gestellt, wo der Verbliebene am Tag nach seinem Tode beigesetzt wurde. Denn, so eine zeitgenössische Quelle, das „Gesetz des Propheten verordnet nehmlich, mit der Beerdigung möglichst zu eilen, dergestalt, daß ein Türke, der am frühen Morgen stirbt, noch vor Sonnenuntergang, oder, wenn er am Nachmittag stirbt, höchstens am folgenden Morgen zur Erde bestattet werden muß". Das geschah mit beträchtlichem Aufsehen und unter auffälliger Anteilnahme der Medien: Der Leichnam wurde „in einem hölzernen Sarge, der jedoch in reichen mit Gold durchwirkten Stoff gehüllt war, auf einen mit sechs Pferden bespannten, gewöhnlichen hölzernen Wagen hingebracht, der mit einer grün tuchenen Decke behangen war. Um das allzu große Zudrängen zu verhüten, ritten sechs Mann Husaren voraus. Auf dem Wagen standen zur Rechten und zur Linken des Sarges zwei von den Bedienten des Gesandten mit metallnen Räucherbecken, auf deren Glut bis zur Grabstätte hin unablässig mit geraspelten Sandelholz geräuchert ward. Unmittelbar nach dem Leichenwagen gingen die Bedienten des Gesandten zu Fuß. Der Sohn des Verstorbenen hingegen, nebst dem Dollmetscher und den übrigen Gesellschaftern, folgte in zwei Wagen". So ging es vom Schiffbauerdamm über die Friedrichstraße nach Tempelhof. Da ein Imam nicht am Orte war, „las, bei Einsenkung des Sarges, der Sohn des Verstorbenen, unter Assistenz eines Gehülfen, aus dem Koran die üblichen Gebete her. Der Leichnam ward, nachdem der Goldstoff vom Sarge weggenommen war, in gewöhnlicher horizontaler Lage der Erde übergeben, mit dem Gesicht nach Morgen, als der Weltgegend hin gerichtet, wo Mecca, der Begräbnißort (sic!) des Propheten liegt". Auf dem Rückweg in die Stadt „warf der Sohn des Verstorbenen Geld unter das nachströhmende Volk aus, weil das Gesetz des Propheten bei diesem Anlaß Allmosen gebietet".[4]

Bis 1854 wurden vier weitere Türken dort beerdigt. An der Beisetzung des Gesandtschaftssekretärs Raḥmī Efendi im Jahre 1839 sollen 2000 Menschen teilgenommen haben; dennoch sei, so die Polizei, eine „Störung der Ruhe und des Anstandes in keiner Art bemerkt" worden.[5]

Im Jahre 1836 war die mehrfach geplünderte und mittlerweile verwahrloste Grabstätte auf Anordnung des Königs renoviert und mit einem Eisengitter auf rotgranitnem Sockel umzäunt worden. Auch an die Errichtung steinerner Grabmale für die toten Diplomaten war gedacht worden: Der damalige Oberbaudirektor Karl Friedrich Schinkel (1783-1841) legte im August 1837 zwei Entwürfe dafür vor, die jedoch nie realisiert wurden.[6]

Knapp dreißig Jahre später mußte der Friedhof einem Kasernenneubau weichen. Die Überreste der fünf Muslime wurden deshalb am 29. Dezember 1866 zu ihrem derzeitigen Ruheplatz am Columbiadamm in Neukölln gebracht, welcher damit zugleich in den Besitz des Osmanischen Reiches überging. Inmitten des neben dem Garnisonfriedhof gelegenen, durch ein prächtiges Portal zugänglichen Areals wurde eine von Voigtel entworfene Säule errichtet, die ihre Namen trägt und betrachtet werden kann; an den alten Standort erinnert eine Tafel, die 1995 auf dem Gelände der Kreuzberger Carl-von-Ossietzky-Schule angebracht wurde.[7]

Die nächste Beisetzung auf dem „Türken-Friedhof", wie er lange Zeit genannt wurde, fand erst 1891 statt. Der Tote war diesmal Sleman bin Said aus Sansibar. Er war 1889 als Lektor für Suaheli an das soeben gegründete Seminar für Orientalische Sprachen (SOS) gerufen worden und am 2. April 1891, nur zwanzig Jahre alt, an Herzschlag und wohl auch an Kälte und Einsamkeit gestorben.[8] Vier Tage später wurde sein Sarg von Steglitz, wo er gewohnt hatte, zum Friedhof gebracht. Dort hatten sich, angeführt vom Direktor des SOS, Eduard Sachau (1845-1930), seine Kollegen und Schüler sowie türkische Diplomaten eingefunden. „Gegen 1/2 3 Uhr nahte der Trauerzug dem Kirchhof. Als der Leichenwagen vor dem weitgeöffneten Portal vorgefahren war, legten die acht Türken ihre Röcke ab, entkleideten sich der Ueberschuhe und nahmen in einer Reihe, mit dem Gesicht nach der Richtung gewendet, in welcher das heilige Mekka liegt, Aufstellung. Vor sie trat" Ḥasan Taufīq (1862-1904), damals Lektor für Ägyptisch-Arabisch am SOS, und begann „die rituellen Gebete. Bei jedem Abschnitt hoben der Priester und nach ihm die 8 Türken die flachen Hände bis zur Höhe des Kopfes, um Allah Ehrfurcht zu erzeigen. Mit einem Gruße an die hinter ihm stehenden Türken schloß Hasan Taufik sein Gebet. Die Träger ergriffen wieder den Sarg, hoben ihn auf die Balken der Gruft, die christliche Trauergemeinde nahm die Hüte ab und mit dem 'Im Namen Gottes' des Garnisontodtengräbers wurde der Todte in die Gruft hinabgelassen."[9]

In den folgenden Jahren, besonders nach dem Ersten Weltkrieg, füllte sich der Friedhof rasch, so daß seit 1926 sogar an eine Erweiterung seines Geländes gedacht wurde.[10] Namen, Herkunftsländer und Beschäftigung der Verstorbenen vermitteln einen Eindruck von dem sich verbreiternden Spektrum der wachsenden muslimischen Diaspora in Berlin und Brandenburg. Damit wandelte sich der „Türken-Friedhof" auch zu einem - im weiteren Sinne - islamischen Friedhof. Im folgenden einige Beispiele.

Abb. 1: Portal des Islamischen Friedhofs. Aus: Der Bär 1 (1875) 13, S. 125

Am 19. November 1919 wurde der Vorsitzende der ägyptischen Nationalpartei, Muḥammad Farīd, hier beigesetzt. Er war seinerzeit mit der Hoffnung nach Berlin gekommen, der Sieg der Mittelmächte im Ersten Weltkrieg würde seinem und anderen Völkern des Islam Befreiung bringen. Er teilte diese Illusion u.a. mit dem Tunesier Muhammad Bāš Ḥanba, der ihm am 27. Dezember 1920 folgte. Farīds Leichnam wurde im selben Jahr, der Bāš Ḥanbas erst 1968 auf Veranlassung des damaligen Präsidenten Habib Bourguiba (1903-2000) in die Heimat übergeführt.

Aufsehen erregte der Tod dreier osmanischer Politiker: Der ehemalige Großwesir Mehmet Talât war am 15. März 1921, seine Gesinnungsgenossen Cemâl Azmi und Bahâettin Şâkir waren am 18. April 1922 in Berlin von Armeniern erschossen worden, die damit den Genozid an ihrem Volk rächen wollten. Während Talâts Überreste im Februar 1943 nach Istanbul gebracht wurden, blieben die beiden anderen in Neukölln zurück; ihre Grabsteine sind erhalten geblieben.

Zwei imposante Grabmale erinnern an die Delegierten der Handelskommission des Obersten Volkswirtschaftsrates der Bucharischen Volks-Räte-Republik in Deutschland, Yūnus ʿAbd al-Wahhāb und ʿAzzām Šāh Muḥammad Šāh, die am 27. Oktober 1922 einer mysteriösen Gasvergiftung[11] zum Opfer gefallen waren; die Steine hatte ihr Nachfolger, Yūsuf Mukimbaev, im März 1923 errichten lassen.

Am 11. März 1924 wurde Hâfız Şükrü zu Grabe getragen. Er war seit 1911 Imam der Osmanischen Botschaft in Berlin gewesen und hatte, gewissermaßen als Hausherr des Friedhofs, seitdem fast alle dort Beerdigten auf ihrem letzten Wege begleitet. Nun erwiesen der Tatare ʿIyād Isʾḥāqī (1878-1954), die Inder Sadr-ud-Din (gest. 1981) und Abdul-Mejid, die Deutschen Georg Kampffmeyer (1864-1936) und Ernst Mohammed Brugsch und andere dem stadtbekannten Türken die letzte Ehre. Brugsch, ein zum Islam konvertierter Sohn des Ägyptologen Heinrich Brugsch-Pascha (1827-1895), folgte ihm übrigens am 24. August 1929.[12]

Abb. 2: Trauerfeier für Hâfız Şükrü (1924). Aus: Die Woche (1924) 12, S. 290

Şükrü hatte sich 1921/22 zusammen mit arabischen, afghanischen und persischen Muslimen auch um die Renovierung des vernachlässigten Friedhofs gekümmert; neue Umfassungsmauern und ein Leichen- und Wärterhaus des Architekten Eisfelder waren errichtet worden. Unter den Förderern befand sich der Ägypter Muḥammad Sulaimān (Soliman), der seit 1900 in Berlin lebte, hier seine Frau Martha geheiratet hatte und bis zur Inflation ein erfolgreicher Kaufmann war. 1929 wurde er auf dem „Türken-Friedhof" begraben; das Grab der Eheleute wird noch heute von deren Kindern und Kindeskindern gepflegt.

Der Perser Attai wurde am 9. April 1930 hier beigesetzt. Das Mitglied des Studentenvereins „Iran e.V." hatte sich aus Protest gegen die Überwachungspraxis der Gesandtschaft seines Landes in deren Räumen auf spektakuläre Weise selbst umgebracht.[13]

Nicht weit vom eindrucksvollen Grabmal für Şükrü und seine Frau Nuriha, geborene Schulz, sowie von der Ruhestätte des am 27. Dezember 1941 verstorbenen turkestanischen Exilpolitikers Mustafa Čokay steht ein unauffälliger schwarzer Stein, dessen arabische Inschrift nur noch mit Mühe zu erkennen ist: „Keine Seele kennt den Ort, an dem sie stirbt.[14] Hier sind die Gräber von Maġdī al-Qāwuqǧī, geboren 1923 in Hama, gestorben 1941, und Nizār al-Qāwuqǧī, geboren am 19. Mai 1946 in Berlin, gestorben 1946". Maġdī und Nizār sind die Söhne Fauzī al-Qāwuqǧīs (1892-1976), der sich in den zwanziger und dreißiger Jahren in Syrien und Palästina einen legendären Ruf als Aufstandsführer erworben hatte; 1941 war er verwundet nach Deutschland gebracht worden, um Araber gegen die Alliierten zu rekrutieren. Daß er es schließlich nicht tat, ist auch auf die mysteriösen Umstände von Maġdīs Tod zurückzuführen.[15] Die geheime Aktennotiz des Diplomaten Fritz Grobba (1886-1973) vom 31. Juli vermittelt einen Eindruck von den Verstrickungen, denen damals auch Muslime ausgesetzt waren: „Die gestern um 17 Uhr auf dem Mohammedaner-Friedhof in Tempelhof erfolgte Beisetzung des Sohnes Fauzi Kaukji's, Medjdi, ist in würdiger Weise verlaufen. Anwesend waren von deutscher Seite vom Auswärtigen Amt außer mir Leg.Rat Melchers und 4 jüngere Beamte, ferner vom OKW Korv.Kpt. Schneidewind als Vertreter von Abwehr/Inland und Major Arnold als Vertreter von Abwehr II sowie vom Außenpolitischen Amt Herr von Chappuis. Fauzi Kaukji selbst war nicht erschienen. Anwesend waren sein Bruder Jumni und etwa 30 Araber, darunter Exz. Adil Azme und Herr Sibaei. Das Gebet und die Gedächtnisrede hielt Herr Idris (Übersetzer bei Pol. VII und Imam der hiesigen islamischen Gemeinde). Ferner sprachen Yunis Bahri, ein jüngerer arabischer Dichter und der irakische Dipl.Ing. Ali Safi. Dieser schloß seine Ansprache mit den Worten: 'Du kannst hier ruhig schlafen, denn Du ruhst in befreundeter Erde'. Ich sprach dem Bruder Fauzi Kaukji's das Beileid des Herrn Reichsaußenministers aus und bat ihn, dies dem Vater zu übermitteln. Ferner legte ich im Namen des Herrn U.St.S. Woermann einen Kranz nieder. Korv.Kpt. Schneidewind legte einen Kranz im Namen des Admirals Canaris nieder".[16] Nizār war im Nachkriegsberlin an Unterernährung gestorben.[17]

Noch ein anderer, den al-Qāwuqǧī kannte, aus politischen Gründen aber verabscheute, kam hier zu liegen: der Ägypter Muṣṭafā al-Wakīl (geb. 1913). Er war ein Sekretär des Muftis von Jerusalem, Amīn al-Ḥusainī (1893-1974), der sich seit 1941 in Deutschland aufhielt und mit den Nazis kollaborierte. Während dieser

schon im sicheren Badgastein war, fiel sein Gehilfe am 4. März 1945 in der Reichshauptstadt einem Bombenangriff zum Opfer; seine Überreste wurden 1954 in die
Heimat übergeführt.[18] Hingegen erinnern neun unscheinbare Ehrenfelder nach wie
vor an Musliminnen und Muslime aus Nordafrika und der Sowjetunion, die - vermutlich Zwangsarbeiterinnen, Gefangene und Legionäre - in den letzten beiden
Kriegsjahren den Tod fanden.

Nach dem Zweiten Weltkrieg veränderte sich der Friedhof gründlich. Jetzt wurde
sein Bild nicht mehr von Diplomaten, Politikern und Kaufleuten geprägt, sondern
von Arbeitsmigranten, die seit Beginn der sechziger Jahre in die Bundesrepublik
geholt wurden. Ein neues Gräberfeld auf dem Garnisonfriedhof kam hinzu. Doch
bald reichte auch dieser Platz nicht mehr aus, so daß die Muslime, die für immer
hier bleiben wollen oder müssen, nun in Gatow beerdigt werden. Inzwischen war
aus dem „Türken-Friedhof" am Columbiadamm 128 längst der Islamische Friedhof
geworden. So stand es auch lange an der Haltestelle für den Bus der Linie 104, an
der man aussteigen sollte, wenn man ihn besuchen möchte.

Erinnert der Islamische Friedhof am Columbiadamm vornehmlich an die friedlichen
- diplomatischen, politischen und wissenschaftlich-kulturellen - Beziehungen zwischen Deutschland und dem islamischen Orient, so symbolisiert der Gefangenenfriedhof in Zehrensdorf ein kriegerisches Kapitel ihres Verhältnisses: Er nahm einst
etwa tausend Muslime auf, die während des Ersten Weltkriegs in deutscher Gefangenschaft gestorben waren.

Ein Friedhof bei Zossen

Unmittelbar nach Kriegsbeginn hatte die deutsche Heeresleitung in den benachbarten Orten Zossen und Wünsdorf besondere Lager eingerichtet, in die muslimische
Gefangene der Entente-Armeen eingewiesen wurden. Die deutsche und die osmanische Führung hoffte, sie nach „Umerziehung" durch eine Propaganda im Zeichen
des ğihād gegen die Kriegsgegner der Mittelmächte, Großbritannien, Frankreich
und Rußland, einsetzen zu können. Das „Weinberglager" in Zossen war für Muslime aus dem russischen Heer, vorwiegend Tataren, bestimmt, das „Halbmondlager"
in Wünsdorf für solche aus dem britischen und dem französischen Heer, also vor
allem Nord- und Westafrikaner und Inder.[19]

Diejenigen von ihnen, die starben, wurden auf dem Friedhof von Zehrensdorf beerdigt. Der inzwischen nicht mehr existierende Ort befand sich auf halbem Wege zwischen Wünsdorf und Töpchin, und die Begräbnisstätte war im Jahre 1808 etwa 500
Meter nordwestlich vom Dorf, am Weg nach Zossen, angelegt worden. Als Zehrensdorf 1910 dem Militärfiskus zufiel und nach der Umsiedlung seiner Bewohner
Teil eines Truppenübungsplatzes für das III. Armee- und das Gardekorps wurde,
war das Militär verpflichtet worden, das entvölkerte Dorf samt Friedhof dreißig
Jahre lang zu betreuen.

Die Initiatoren der Sonderlager wußten, daß der Umgang auch mit toten Muslimen
besondere Maßnahmen erforderte. Am 31. Dezember 1914 wies deshalb die mit der
Propaganda unter den Gefangenen beauftragte „Nachrichtenstelle für den Orient" in
einem Papier über die „Verpflegung und Behandlung der indischen Gefangenen"

darauf hin, daß diese „ihre eigenen Vorschriften für die Behandlung und Bestattung ihrer Toten" hätten, und regte an, daß namentlich die Muslime unter ihnen „einen eigenen Begräbnisplatz" erhalten sollten.[20] Der erste Muslim, der auf dem Zehrensdorfer Friedhof bestattet wurde, war indessen ein Nordafrikaner namens Ṣādiqī (Sadiki); er ist in der Hauptgräberliste unter dem Datum des 14. Oktober 1914 eingetragen.[21] Als erster Muslim aus dem russischen Heer ist ein Mohammed Medar(r)is[22] unter dem 20. März und als erster indischer Muslim ein Ali Hyder Khan[23] unter dem 9. Mai 1915 erwähnt.

Der Zehrensdorfer Friedhof war keine ausschließlich islamische Begräbnisstätte. Lagepläne und Hauptgräberlisten belegen, daß dort die sterblichen Überreste von Muslimen, Sikhs, Hindus und Christen verschiedener Nationalität beerdigt wurden. Die Muslime waren allerdings deutlich in der Mehrheit: 412 waren aus Rußland, 262 aus Nord- und Westafrika, 205 aus Britisch-Indien und einer aus der Türkei; neben ihnen fanden 86 Franzosen, zwei Belgier und ein Engländer ihre letzte Ruhe.

Abb. 3: Betende Muslime auf dem Zehrensdorfer Friedhof (ca. 1916) Aus: Der Große Krieg in Bildern (1916) 18, S. 23

Im Unterschied zum „Türken-Friedhof" in Berlin sind keine Nachrichten übermittelt, die Auskunft über die Zeremonien für die dort bestatteten muslimischen Toten geben könnten. Allenfalls ist ein besonderer Raum bekannt geworden, der in der 1915 im „Halbmondlager" erbauten, inzwischen längst nicht mehr existierenden Moschee eingerichtet worden war, um dort die Totenwaschung vornehmen zu können.[24] Darüber hinaus deuten für die Weltkriegspropaganda angefertigte Photos an, daß die in den Sonderlagern verstorbenen muslimischen Gefangenen den Vorschriften ihrer Religion bzw. ihren heimatlichen Bräuchen gemäß bestattet wurden. Während die Gräber der indischen Toten steinerne Umfassungen sowie Grabsteine aufwiesen, auf denen ihre Namen, die Bezeichnung der militärischen Einheit, in der sie gedient hatten, und das Sterbedatum verzeichnet waren, bestanden die der Tataren aus flachen Erdaufschüttungen, die von hölzernen Tafeln gekrönt waren, welche unter einem liegenden Halbmond mit Stern ebenfalls Namen, Truppenbezeichnung und Todesdatum enthielten. Ob die Bestatteten vorschriftsmäßig nach Mekka ausgerichtet waren, läßt sich derzeit weder aus den vorliegenden Lageplänen des Friedhofs noch nach Augenschein der mittlerweile völlig verfallenen Grabanlagen erkennen.

Im Oktober 1915 hatten die Propagandisten im „Weinberglager" eine „würdige Herrichtung des Friedhofs der Gefangenen"[25] gefordert. Das führte offenbar dazu, daß mehrere beeindruckende steinerne Denkmale für die verstorbenen Soldaten aus dem russischen, britischen und französischen Heer, namentlich die Muslime, errichtet wurden. Genaue Informationen liegen jedoch nur über das Tataren-Monument vor. Dieses, ein mächtiger rechteckiger Klotz aus dunklem Sandstein, war anläßlich des ꜥid al-fiṭr am 31. Juli 1916 feierlich eingeweiht worden; der Lagerimam ꜥĀlim Idrīs (geb.1887) hatte bei dieser Gelegenheit in seiner Rede den „Opfertod der Glaubensbrüder" erwähnt, durch den er die „endliche Erlösung des Islams von der Tyrannei erhoffte"[26]. Das Denkmal war vom stellvertretenden Kommandanten des „Weinberglagers", Hauptmann Otto Stiehl (1860-1940)[27], entworfen worden; die Mittel für seine Errichtung stammten aus den Eintrittsgeldern, die die Gefangenen für Aufführungen der Theatertruppe des Lagers entrichtet hatten bzw. die für diesen Zweck gespendet wurden.[28] An der vorderen Längsseite des recht gut erhaltenen Denkmals befindet sich eine zweizeilige turko-tatarische und darunter eine inhaltlich entsprechende, gleichfalls zweizeilige deutsche Inschrift, welche lautet: „Grabstätte mohamedanischer Kasan-Tataren die kriegsgefangen/ unter der Regierung Willhelm II. während des Welt-Krieges starben". Über den vier Ecken des Quaders waren steinerne Turbane angebracht worden, die - bis auf einen - offenbar verloren sind.

Direkt gegenüber dem Tataren-Stein befand sich schon damals ein zweites Denkmal, das „den Nordafrikanern" gewidmet war.[29] Es war eine Tafel aus rotem Sandstein, auf der unter einem grünen Halbmond einander entsprechende arabische und deutsche Inschriften aus der 55. Sure des Korans angebracht waren. Die deutsche, soweit noch erhalten, lautet: „ES GIBT KEINEN GOTT AUSSER GOTT/UND MOHAMMED IST GOTTES PROPHET/WIR SCHRITTEN DIE WEGE, DIE UNS DIE ALLMACHT GAB/VON DER BAHN SEINES SCHICKSALS WEICHT NIEMAND/AUF ERDEN AB/IN WELCHEM LANDE EINEM MENSCHEN ZU ENDEN BESTIMMT/DORT UND SONST NIRGENDS FINDET ER TOD UND GRAB/(Pentagramm)/EIN JEGLICHES DING AUF ERDEN IST VERGÄNGLICH/UND ES BLEIBT ALLEIN DAS ANTLITZ DES HERRN/IN SE..."[30]

Unmittelbar hinter diesem Stein lagen Grabfelder indischer Gefangener, zu denen man gelangte, wenn zwei erst nach dem Krieg errichtete Säulen aus weißem Sandstein passiert wurden, die ihm zur Seite standen. An der rechten Säule war eine Tafel mit der Inschrift befestigt: „HIER/RUHEN SOLDATEN/DES/BRITISCHEN

REICHES/WELCHE WAEHREND/DES WELTKRIEGES/1914-1918/IN DEUTSCHLAND/STARBEN./ DIE DURCH IHRE/GRAEBER/GEWEIHTE ERDE/IST ALS EWIGER/BESITZ DURCH/ VERTRAG/ MIT DEM DEUTSCHEN/ VOLKE GESICHERT./ AUF DASS IHRE/ UEBERRESTE FUER/ IMMER IN EHREN/ GEHALTEN WERDEN."[31] Auf der linken Säule soll „Cemetery Register" gestanden haben[32]; möglicherweise handelte es sich dabei um das „Verzeichnis der in deutschen Lagern und Lazarethen gestorbenen Hindus und Mohammedaner", das sich, einem zeitgenössischen Chronisten zufolge, in der „im anderen Pfeiler" zu öffnenden „Mauernische" befunden haben soll.[33]

Abb. 4: Denkmal für die in deutscher Gefangenschaft gestorbenen Tataren (Zehrensdorf). Aus: Der Große Krieg in Bildern (1916) 18, S. 22

Linker Hand von diesem Ensemble stand ein offensichtlich auch erst nach dem Kriege aufgestellter gewaltiger, in britischen Quellen *warstone* genannter, sarkophagähnlicher Quader, der ebenfalls den indischen Soldaten gewidmet war. Auf seiner Längsseite befindet sich die immer noch erkennbare Inschrift: „GOD IS ONE: HIS IS THE VICTORY/ IN MEMORY OF THE BRAVE HINDUS, SIKHS, MUHAMMADANS, WHO SACRIFICED THEIR LIVES/ IN THE GREAT WAR FOR THEIR KING AND THEIR COUNTRY". Darunter ist eine entsprechende zweizeilige Inschrift in Hindi und an der linken Stirnseite des Steins eine dreizeilige in Urdu zu erkennen.

Während die soeben erwähnten Denkmäler, wenngleich stark beschädigt, zum größten Teil noch erhalten sind, ist das den französischen Gefangenen errichtete Monument nicht mehr vorhanden. Es befand sich links vom *warstone* auf einem Hügel, der ein Massengrab bedeckte, und stellte eine mächtige Frauengestalt dar, die auf einem Sockel an einer Urne trauerte. Auf der Tafel zu ihren Füßen soll zu lesen gewesen sein: „Le sort n'a point voulu/pour vous des morts sublimes/o malheureux captives/sous ces pierres couchés/dormez sans peine/la gloire en descendant des cimes/de son aile en passant/vous a déjà touchés".[34] Auf anderen Tafeln, die den Hügel bedeckten, standen die Namen der unter ihm ruhenden Toten; eine Platte an der Rückseite des Monuments trug die Inschrift: „A nos camarades - morts en captivité."[35]

Verstorbene Insassen des „Weinberg-" und des „Halbmondlagers", vor allem solche aus den Arbeitskommandos, wurden übrigens auch an anderen Orten in Brandenburg bestattet; zu ihnen gehört der Tatare Dasserdinov, der am 19. Dezember 1918 auf dem Friedhof der bei Saarmund gelegenen Gemeinde Fahlhorst beerdigt wurde.[36] Zwischen dem 10. Oktober und dem 15. Dezember des selben Jahres fanden drei seiner Landsleute auf dem Friedhof von Löwenbruch bei Ludwigsfelde ihre letzte Ruhe; bis auf einen, der aus Guben abkommandiert worden war, ist nicht bekannt, aus welchem Lager sie kamen.[37] Als 1927 in Schwedt ein Ehrenfriedhof für Soldaten der Entente-Armeen errichtet wurde, nahm er auch die Überreste des Tochfatulla Muchamatulin aus dem Gouvernement Perm auf, der am 16. November 1918 im Reservelazarett der Stadt gestorben und auf dem Städtischen Friedhof beerdigt worden war.[38] Keines dieser Gräber ist indessen mehr erhalten. Der letzte Muslim, der auf dem Zehrensdorfer Friedhof zu liegen kam, war der Tatare Abdraschtov; er ist unter dem Datum des 29. Oktober 1920 in der Haupgräberliste registriert.[39]

Nach dem Ersten Weltkrieg erhielt die Stätte den Status eines Ehrenfriedhofs und wurde nachweislich sowohl von der deutschen als auch von der britischen Kriegsgräberfürsorge betreut. Wie lange das anhielt, ist unbekannt. Sicher ist jedoch, daß der Heimathistoriker Adolf Nagel unmittelbar vor der Machtübernahme der Nationalsozialisten das Besucherbuch des Friedhofs dem britischen Botschafter in Berlin übergeben hatte; es soll, wie er schrieb, nicht ein Wort enthalten haben, das „der Weihe des Orts nicht gerecht geworden wäre. Daß unter anderen auch Anhänger der Sowjetrepublik ihr Glaubensbekenntnis: Krieg dem Kriege! Nie wieder Krieg! niederlegten, dürfte dem kaum widersprechen".[40] Leider ist das Buch verschwunden.[41]

Nach dem Zweiten Weltkrieg wurde das Gelände zwischen Wünsdorf und Zossen zum Standort des Oberkommandos der Gruppe der sowjetischen Streitkräfte in Deutschland und erneut als Truppenübungsplatz benutzt.[42] Der Zehrensdorfer Friedhof befand sich mitten darin und verkam. Ob die Grabanlagen und -denkmäler erst jetzt oder bereits vor 1945 zerstört wurden, ist ungewiß. Jedenfalls bemühen sich heute brandenburgische Stellen, namentlich die Verwaltung und die Untere Denkmalschutzbehörde des Kreises Teltow-Fläming, um die Sicherung des Friedhofs und unternehmen nach ihren Möglichkeiten erste Schritte, um dieses einzigartige Denkmal wieder herzustellen. Da das Gelände um den Friedhof nach wie vor munitionsverseucht ist, kann ein freier Zugang zu ihm nicht gestattet werden. Das zuständige Ordnungsamt in Luckenwalde empfiehlt, sich bei Interesse zunächst mit dem Autor dieser Zeilen in Verbindung zu setzen.

Eine Moschee in Berlin

Die Wilmersdorfer Moschee, nach der Wünsdorfer die zweite islamische Kultstätte in Deutschland, wurde am 26. April 1925 eröffnet. Die Idee, ein solches Bauwerk in Berlin zu errichten, reicht mindestens ins Frühjahr 1918 zurück. Damals hatte der Imam im Zossener „Weinberglager", Idrīs, Kaiser Wilhelm II. in einer Immediateingabe ersucht, der Errichtung einer Moschee in der Reichshauptstadt zuzustimmen. Der Vorschlag stieß auf Wohlwollen: Einerseits war Bedarf vorhanden, denn in Berlin hatte sich eine beträchtliche muslimische Kolonie vor allem aus politischen Emigranten gebildet; andererseits wäre es, da weder in London noch in Paris ein solches Bauwerk existierte, im letzten Kriegsjahr durchaus noch propagandistisch nützlich gewesen. Doch die Idee verfing sich in der wilhelminischen Bürokratie. Die letzte Erwähnung des Projekts stammte vom preußischen Innenminister: „Soweit also das Throngesuch in den Antrag ausläuft", schrieb der Ende Mai umständlich, „den Gedanken zum Bau einer Moschee in Berlin gutzuheißen, bestehen m.E. keine Bedenken. Wenn sich die weitere Thronbitte, dem Gedanken die Allerhöchste Unterstützung zuteil werden zu lassen, nicht nur allgemein auf die Allerhöchste Anteilnahme, sondern auch auf einen Geldzuschuß beziehen soll, so käme dafür wohl der Allerhöchste Dispositionsfonds in Frage, wegen dessen der Herr Finanzminister zu beteiligen sein würde."[43] Das geschah offenbar nicht. Ein halbes Jahr vor der Niederlage des Reiches und dem Ende der Monarchie verlief die Sache im Sande.

Abb. 5: Die Wilmersdorfer Moschee

Den nächsten Anlauf nahm der Inder Mubarak Ali im Jahre 1923. Er hatte am 16. Februar ein Grundstück in der Riehl-, Ecke Dresselstraße[44] in Charlottenburg für, wie es in der Presse hieß, 301 bzw. 200 Pfund Sterling erworben[45] und beabsichtigte dort für die Qadyan-Richtung der Ahmadiya eine Moschee zu bauen. Vom Berliner Architekten K.A. Hermann im Moghul-Stil entworfen, sollte das prächtige Gebäude aus einem Kuppelbau sowie Minaretten von je 63 schwindelerregenden Metern Höhe und einem 21 Meter hohen Wohnhaus bestehen, welches Platz für Gesellschafts- und Baderäume u.a. für „alleinstehende Frauen" bieten sollte.[46] Zur Grundsteinlegung nahe dem S-Bahnhof Witzleben bzw. der U-Bahnstation Kaiserdamm, die „so Gott will am Montag, den 6. August 1923 nachmittags 5 Uhr stattfinden" sollte, lud der Bauherr deutsche und orientalische Prominenz ein.[47] Diese, darunter ein Staatssekretär, der Oberpräsident der Provinz Brandenburg, Vertreter des Oberbürgermeisters, des Bezirksamtes und der „Deutschen Gesellschaft für Islamkunde" mit Kampffmeyer an der Spitze sowie der afghanische Gesandte, der türkische Imam Hâfız Şükrü und Repräsentanten der ägyptischen, indischen und persischen Kolonie, lauschten der ersten Sure des Korans und der Rede Alis, die dieser von einer Tribüne herab hielt, welche „von mit Eichengirlanden umkränzten Masten, an deren Spitzen die deutsche Reichsflagge wehte", umgeben war.[48] Unterbrochen wurde die Zeremonie jedoch von dem ägyptischen Nationalisten Manṣūr Rifʿat (1883-1926?) und seinen Freunden, die die Erbauer der Moschee als „Spione" und „englische Söldlinge" beschimpften; Polizei stellte aber die Ruhe bald wieder her.[49] Die Moschee jedoch kam nicht zustande; die Inflation, hieß es, habe die Mittel für ihren Bau aufgezehrt.

Alis Konkurrent Sadr-ud-Din war da erfolgreicher. Er hatte am 14. September desselben Jahres für die Lahore-Richtung der Ahmadiya ein etwa 1300 Quadratmeter großes Grundstück an der Brienner Straße in Wilmersdorf gekauft[50], auf dem er eine ebenfalls von Hermann entworfene, allerdings etwas geringer dimensionierte Moschee errichten wollte: Die Minarette sollten nur 32 Meter und der Kuppelbau 26 Meter hoch sein. Für den 9. Oktober 1924 hatte Sadr-ud-Din zur Grundsteinlegung nahe der U-Bahnstation Fehrbelliner Platz eingeladen. Ein Journalist schilderte die nachmittägliche Szene so: „Auf dem Baugelände" - die Arbeiten hatten schon am 14. September begonnen - „gegenüber dem Krematorium war eine kleine Redeplattform, von Grün umstellt... Ein paar Herren, von der schwarzen feierlichen Tracht des Zylinders gekrönt. Ein paar Damen, die in dem Nebel der frühsinkenden Dämmerung frösteln. Ein paar braune Gesichter, hier und dort ein Fes... Ein paar Journalisten, Maurer, die unbewußt ihrer Arbeit nachgehen, ein wenig Sprachengewirr, ein bissel Schupo und am Zaun ein paar Gaffer, die nirgends fehlen. Es dunkelt langsam... Kein Beginn der Feier. Eine viertel, eine halbe Stunde verging... Da endlich, ein Redner. Aber ... das war noch nicht ... das konnte doch nicht... weder der Herr Sami Pascha, noch der Herr Sadri, noch der Herr Siddiq Khan (der türkische Botschafter sowie der persische und der afghanische Gesandte - G.H.), sondern ein junger Mann im grauen Paletot, der lächelnd mitteilte, daß, na daß die Sache vertagt wäre und daß Herr Sadr-ud-Din sehr danken ließe."[51] Der Grund für die peinliche Verschiebung der Zeremonie war erneut Rifʿat gewesen, der, nachdem er im Vorjahr in Broschüren die Ahmadiya als englandfreundlich und prokolonialistisch zu verunglimpfen begonnen hatte, einige Tage vor der Grundsteinlegung ein grünes Flugblatt ähnlichen Inhalts u.a. an das orientalische diplomatische Korps versandte, das daraufhin verunsichert der Veranstaltung fernblieb. Sadr-ud-Din beklagte das in der von ihm seit April herausgegebenen Zeitschrift „Moslemische Revue" und strengte sogar einen Prozeß gegen Kampffmeyer an, der in dem besagten Flugblatt mit der Behauptung zitiert worden war, Sadr-ud-Din hätte sich im Ersten Weltkrieg antideutsch betätigt.[52] Das Oberhaupt der Lahore-Ahmadiya, Muhammad Ali, protestierte am 5. November sogar bei Reichspräsident Friedrich Ebert gegen die Unterstellungen und bewirkte immerhin einen Bericht des Berliner Polizeipräsidenten über die Vorfälle an den Reichsinnenminister und eine „Rehabilitierung" der Ahmadiya durch das Auswärtige Amt. Letzteres entsandte jedoch keine Vertreter zur Eröffnung der umstrittenen Moschee, zu der Sadr-ud-Din für den 26. April 1925 „um 11 Uhr präcise" eingeladen hatte. „Eine Beteiligung des A.A. kommt nicht in Frage", hieß es barsch in den Akten.[53]

Dennoch wurde die Einweihung ein Erfolg, und Imam Sadr-ud-Dins Hoffnung, das Stadtbild von Berlin möge „durch unser Gotteshaus einen neuen Schmuck erfahren", erfüllte sich durchaus. Auch seine Ankündigung, mit Hilfe der Moschee und der dort sich versammelnden „Moslemischen Gemeinschaft" den „Deutschen Gelegenheit zu lebendiger Fühlung mit der orientalischen Kultur und zum Studium des Orients zu geben"[54], wurde ins Leben umgesetzt: Neben Indern waren es vor allem Deutsche, darunter manche Konvertiten, die sich um die Moschee scharten. Muslime aus anderen Ländern, vor allem solche, die sich in der 1922 gegründeten „Islamischen Gemeinde" organisiert hatten, blieben dem Haus jedoch zunächst fern; Rif'ats Vorwürfe wirkten fort. Das begann sich jedoch bald zu ändern: Die zur Gemeinde in Konkurrenz stehende, 1924 entstandene „Gesellschaft für islamische Gottesverehrung", welche bisher die Wünsdorfer Moschee nutzte, hatte nämlich das Angebot des Imams angenommen, ihr sein Haus zu den islamischen Festen zu überlassen, „damit die besagte Gesellschaft auf jede Weise, die sie wünscht, den Kult ausübe"[55]; für das erste 'id al-fitr, das dort am 14. April 1926 begangen wurde, hatte sie sogar die Teppiche gestiftet. So konnte das Fest, an dem nun auch der türkische Botschafter, der afghanische Gesandte und ein Vertreter des persischen Gesandten teilnahmen, glänzend ausfallen.

Die Gesellschaft, hinter der die diplomatischen Missionen der in der Reichshauptstadt vertretenen islamischen Staaten standen, tat noch mehr: 1927 setzte sie sich für die Vollendung der Moschee ein. Nachdem der Berliner Magistrat nur eine mit siebeneinhalb Prozent zu verzinsende Hypothek auf das Bauwerk angeboten hatte, was von den Muslimen zurückgewiesen werden mußte, wandte sie sich im Dezember an das Auswärtige Amt. Obwohl die Gesellschaft „durch die gütige Unterstützung Ihrer Hochwohlgeboren der aegypt. Prinzessin der türkischen Frau Botschafterin, der türkischen Botschaft selbst und der Persischen und afghanischen Botschaft die innere Malerei und das Minarett fertigstellen konnte", blieben noch zu vollenden „der Zaun, der Fussteig und der Garten, die wir dringend zu Ende führen müssen, da mit der Ankunft Seiner Majestät des Königs von Afghanistan auch die Eröffnungsfeier der Moschee verbunden werden soll". Die mit dem Hinweis, daß ein Entgegenkommen „in allen mohammedanischen Ländern als grosse Propaganda für Deutschland anzusehen" sei, verbundene Bitte um 6000 Reichsmark wurde am 23. Dezember 1927 günstig beschieden. Der hier schon erwähnte Grobba forderte die „Gesellschaft für islamische Gottesverehrung" auf, „die Handwerker, die die Arbeiten ausgeführt haben, an(zu)weisen, die von Ihnen bestätigten Rechnungen zwecks

Bezahlung bei mir vorzulegen"[56]. Am 3. August des folgenden Jahres konnte dann König Amanullah die - zweite - Einweihung der Wilmersdorfer Moschee mit seiner Anwesenheit schmücken.[57]

Das Haus wurde nun nach anfänglicher Isolation zu einem Zentrum islamischen Lebens in der Stadt. Dazu trug gewiß bei, daß die inzwischen baufällige Moschee in Wünsdorf nicht mehr genutzt werden konnte und 1930 abgerissen wurde. Allerdings fand auch eine Annäherung der verschiedenen islamischen Vereinigungen Berlins statt, wozu wohl der Präsident der Lahore-Ahmadiya, Muhammad Ali, beitrug, als er am 22. September 1928 im vorwiegend von arabischen Muslimen getragenen „Islam-Institut" zu Berlin einen Vortrag über „Die orientalische Freiheitsbewegung" hielt. Initiativen des Instituts, Ausschüsse für deutsche Muslime und schließlich für eine einheitliche „Gemeinde der Muslime" in der Reichshauptstadt zu schaffen, mündeten am 22. März 1930 in die „Deutsch-Muslimische Gesellschaft", die ihren Sitz in der Moschee nahm.

In ihren Satzungen hatte sich die Gesellschaft, der Muslime wie Nichtmuslime beitreten konnten, vor allem die Aufgabe gestellt, das „Verständnis für den Islam durch Aufklärungsarbeiten, Vorträge und intensives Gemeinschaftsleben" zu fördern.[58] Unter ihrem rührigen Vorsitzenden, dem jüdisch-muslimischen Philosophen Hugo Hamid Marcus (1880-1966), entfaltete sie in den kommenden Jahren ein in der Tat reges Leben. Die Moschee bildete dafür den Mittelpunkt. Zahlreiche Vorträge, darunter solche von Marcus und vom neuen Imam, S. Muhammad Abdullah (geb.1898), sowie von illustren auswärtigen Gästen wie dem Drusenführer Šakīb Arslān (1869-1946) und dem Agha Khan, lockten Zuhörer an, und die islamischen Feste waren nicht nur für die Muslime der Stadt, sondern auch für die Medien Ereignisse - das ʿīd al-fiṭr, das Fest des Fastenbrechens, am 18. Februar 1931 wurde sogar im Berliner Rundfunk übertragen. Es entwickelte sich eine „Szene" in der Brienner Straße, die ein Berliner Blatt 1928 etwas despektierlich so beschrieb: „Man versammelt sich zu Religionsgesprächen wie sonst zum Fünfuhrtee. Einigen ist es Herzenssache, vielen ist es Spielerei; einige kommen als Gottsucher, viele aber suchen nur die Gelegenheit zu einem koketten kleinen Flirt mit dem Geistlichen, dem erst 28jährigen jungen Professor Abdullah aus Lahore in Indien. Er ist europäisch elegant gekleidet, radebrecht entzückend deutsch, hat ein schwarzes Kinnbärtchen und friedevolle Messiasaugen. Sein Vorgänger, Sadr-ud-din, hatte dieselben indischen Augen, war aber schon ein bißchen fett und hatte einen dicken Vollbart. Eine stattliche Monatsschrift in deutscher Sprache wirbt für Mohammed, kleinere Heftchen erklären den Ritus und verdeutschen das arabische Gebet."[59]

Das Jahr 1933 brachte auch für die Moschee und die Gesellschaft Veränderungen. Zwar hieß Muhammad Ali in einem Artikel, den die „Moslemische Revue" 1934 veröffentlichte, das „neue Regime in Deutschland" willkommen, weil es „die einfachen Prinzipien des Lebens, die der Islam einprägt", begünstige[60], und Abdullah ersetzte in einem Redetext Sadr-ud-Dins beflissen das Wort „Demokratie" durch „Volksgemeinschaft", doch das minderte keineswegs das Mißtrauen nationalsozialistischer Medien und Behörden. In ersteren war zu lesen, es seien dies „nur veränderte Bezeichnungen zur äußerlichen Gleichschaltung"[61], und letztere holten Erkundigungen ein. Obgleich Marcus im Jahr der Nürnberger Rassegesetze vorsorglich alle Ämter in der „Deutsch-Muslimischen Gesellschaft" niedergelegt hatte und später ins Schweizer Exil ging, verfügte 1936 die Reichspressekonferenz auf Geheiß von Propagandaminister Joseph Goebbels: „Von dieser Gesellschaft soll keine Notiz genommen werden, da es sich in erster Linie um Juden handelt."[62] Ein Jahr später behauptete die Reichsleitung der NSDAP gegenüber der Berliner Polizei, daß bei Zusammenkünften der Gesellschaft „abfällige Bemerkungen über den Nationalsozialismus und seine Führer" gemacht worden wären und die Moschee „insbesondere in den Jahren 1933/34 Unterschlupf und Absteigequartier für Kurfürstendammjuden" gewesen sei.[63] Noch 1939 wurde die „Deutsch-Muslimische Gesellschaft" von der Gestapo als „eine internationale, unter jüdisch-kommunistischem Einfluß stehende Organisation" bezeichnet.[64]

Die multikulturelle „Szene" in der Brienner Straße verkümmerte allmählich. Politische Töne waren nun immer öfter zu hören, obgleich Sadr-ud-Din einst darum gebeten hatte, von ihnen „unter allen Umständen abzusehen."[65] Palästina stand in der zweiten Hälfte der dreißiger Jahre im Mittelpunkt von Veranstaltungen und Gottesdiensten, die in der Moschee durchgeführt wurden. 1939 erschien im Verlag der „Moslemischen Revue" eine von Sadr-ud-Din besorgte arabisch-deutsche Ausgabe des Korans. Kurz darauf, nach Beginn des Zweiten Weltkrieges, mußte Imam Abdullah als britischer Untertan Deutschland verlassen; wenig später, im Frühjahr 1940, stellte die „Moslemische Revue" ihr Erscheinen ein. Für kurze Zeit übernahm der Ägypter Aḥmad Ġalwaš die Leitung des gemeinschaftlichen Gebets. Seit 1942 gab jedoch der Mufti Amīn al-Ḥusainī den Ton an, der die Moschee für seine propagandistischen Auftritte nutzte.

Im Krieg erlitt das Haus auch materielle Schäden. Der deutsche Muslim Mohammad Aman Hobohm, der sie 1948 wiedersah, erinnert sich: „Beide Minarette waren zur Hälfte zerstört. Die Außenwände waren besät mit Einschußlöchern und gezeichnet von Splittern von Granaten und Bomben. Nur die Kuppel, die einen Artillerievolltreffer erhalten hatte, war bereits wieder neu erstanden. Sie war gekrönt von einem von der bekannten Berliner Mosaik-Werkstatt Puhl & Wagner gestifteten, in Gold-Mosaik ausgeführten Halbmond - ein Prachtstück, das auch heute noch bewundert werden kann. Der Entwurf stammt von dem deutschen Muslim Mustafa Konieczny."[66] Artilleristen der deutschen Wehrmacht hatten in den Türmen Beobachtungsstellen eingerichtet und so das sowjetische Feuer auf die Moschee gezogen. Amina Mosler hielt nach Kriegsende das Haus mit Unterstützung Abdullahs, der jetzt Imam der Moschee im britischen Woking war, notdürftig in Ordnung bis Hobohm, von 1949 bis 1954 Imam, ihre weitgehende Instandsetzung betrieb und die Nachkriegsgemeinde organisierte. Darum kümmerten sich auch die anderen Imame Yahya Butt und - seit 1987 - Saeed Ahmad Chaudhry. Der gegenwärtige Hausherr macht sich um das mächtige, an Taj Mahal erinnernde Gebäude große Sorgen, das trotz Denkmalschutz, vorgenommener und in Aussicht gestellter Renovierung weiter zu verfallen droht.[67]

Der Imam der Moschee ist stets bereit, jedem, der beten oder auch nur schauen will, die Tür zur Moschee in der Brienner Straße 7/8 zu öffnen. Im letzteren Falle möge der Besucher ihn aber bitte vorher anrufen. Telefon 8735703, Fax 8730783.

ANMERKUNGEN

1   Königl. privilegirte Berlinische Zeitung, 1.11.1798.

2   Vgl. Andreas Tietze, 'Aziz Efendis Muhayyelât. In: Oriens, 1 (1948), S. 248-329.

3   Vgl. Ercüment Kuran, Osmanı dâimî elçisi Ali Aziz efendi'nin Alman şarkiyatcısı Friedrich von Diez ile Berlin'de ilmî ve felsefî muhaberatı. In: Beleten, 27 (1963), S. 45-58 (bei der Übersetzung hat mir Börte Sagaster geholfen). Zu Diez vgl. Franz Babinger, Ein orientalistischer Berater Goethes: Heinrich Friedrich von Diez. In: Goethe-Jahrbuch. Bd 34, Frankfurt/M. 1913, S. 83-100.

4   Berlinische Nachrichten von Staats- und gelehrten Sachen, 30.10.1798.

5   Geheimes Staatsarchiv Berlin (GStArchB), I. Hauptabteilung, Rep. 77, Tit. 324, Nr. 30, Bl. 1.

6   Vgl. ebenda, Rep. 89, Nr. 23508, Bl. 5 und 12.

7   Vgl. Suzan Gülfirat, Die Geschichte der Türken in Berlin. In: Berliner Morgenpost, 9.2.1995, S. 13.

8   Vgl. sein Dossier in GStArchB, I. Hauptabteilung, Rep. 208 A, Nr. 119, Bl. 4ff.

9   Berliner Lokal-Anzeiger, 7.4.1891.

10   Im März 1929 hatte z.B. die türkische Botschaft vorgeschlagen, die in Zehrensdorf beerdigten Muslime hierher umzubetten. Vgl. Politisches Archiv des Auswärtigen Amtes, Bonn (PArchAAB), R 78241 sowie R 78240. In den dreißiger Jahren fielen das „maurische" Portal und die alte Umfassungsmauer den Maßnahmen zur Erweiterung des Flughafens Tempelhof zum Opfer; Reste der Mauer wurden für Wegeinfassungen verwendet.

11   Vgl. Bundesarchiv, Berlin (BArchB), Film 18108, Bl. K510418.

12   Vgl. Vossische Zeitung, 24.8. 1929, Abend-Ausgabe.

13   Vgl. Deutsche Zeitung, 9.4.1930, Abend-Ausgabe.

14   Das ist ein *hadīt*. Vgl. al-Buḫārī, Kitāb al-ğāmi‘ aṣ-ṣaḥīḥ. Hg. Ludolf Krehl. Bd 1, Leiden 1862, S. 263.

15   Vgl. Gerhard Höpp, Ruhmloses Zwischenspiel. Fawzi al-Qawuqji in Deutschland, 1941-1947. In: Peter Heine (Hg.), Al-Rafidayn. Jahrbuch zu Geschichte und Kultur des modernen Iraq. Bd 3, Würzburg 1995, S. 19-46.

16   BArchB, Film 10528, Bl. 273244.

17   Vgl. Aurāq ‘Ādil al-‘Aẓma. Aurāq ‘arabīya, malaff 464/8. In: Ḫairīya Qāsimīya (Hg.), ar-Ra‘īl al-‘arabī al-awwal. Hayāt wa aurāq Nabīl wa ‘Adīl al-‘Aẓma, London 1991, S. 469.

18   Vgl. Zuhair al-Māridīnī, Filastīn wa'l-ḥāğğ Amīn al-Ḥusainī, Beirut 1986, S. 250f.

19   Vgl. Gerhard Höpp, Muslime in der Mark. Als Kriegsgefangene und Internierte in Wünsdorf und Zossen, 1914-1924, Berlin 1997.

20   Vgl. PArchAAB, R 21244, Bl. 74.

21   Vgl. Brandenburgisches Landeshauptarchiv, Potsdam (BrLHArchP), Pr.Br.Rep. 2A Reg. Potsdam I SW, Nr. 1465, Bl. 202f.

22   Vgl. ebenda, Bl. 207f.

23   Vgl. ebenda, Bl. 196f.

24   Vgl. A.Schultze, Ein mohammedanisches Bethaus für Kriegsgefangene in Wünsdorf, Prov. Brandenburg. In: Zentralblatt der Bauverwaltung, 36 (1916) 25, S. 179. Mehr zur Moschee bei Gerhard Höpp, Die Wünsdorfer Moschee. Eine Episode islamischen Lebens in Deutschland, 1915-1930. In: Die Welt des Islams, 36 (1996), S. 204-218.

25   Vgl. PArchAAB, R 21252, Bl. 25.

26   Vgl. ebenda, R 21260, Bl. 11.

27   Zu ihm vgl. Margot Kahleyss, Muslime in Brandenburg - Kriegsgefangene im 1. Weltkrieg. Ansichten und Absichten, Berlin 1998, S. 52ff.

28   Vgl. ParchAAB, R 21261, Bl. 150.

29   Vgl. ebenda, R 21260, Bl. 11.

30   Vollständige, doch teilweise unkorrekte Beschreibungen finden sich bei Adolf Nagel, Wanderfahrt am 22. Januar 1933. Zossen - Weinberge - Zehrensdorf - Schöneiche - Zossen, In: Monats-Blätter des Touristenklub für die Mark Brandenburg, Berlin 38 (1933) 11-12, S. 43. Dort heißt es: „Es gibt keinen Gott außer Gott und Mohammed ist sein Prophet. Wir schritten die Wege, die uns die Allmacht gab. - Von der Bahn des Schicksals weicht niemand auf Erden ab. In welchem Lande einem Menschen zu sterben bestimmt, dort und sonst nirgends findet er Tod und Grab. - Ein jegliches Ding auf Erden ist vergänglich und es bleibt allein das Angesicht des Herrn in seiner Erhabenheit und Größe. Koran: Sure, der Allbarmherzige". Bei

Chalid-Albert Seiler-Chan, Der Islam in Berlin und anderwaerts im Deutschen Reiche. In: Moslemische Revue, Berlin 10 (1934), S. 56, steht dagegen: „Es gibt keinen Gott außer Gott, und Muhammad ist Gottes Prophet. Wir schritten die Wege, die uns die Allmacht gab, Von der Bahn seines Schicksals weicht keiner auf Erden ab, In welchem Lande einem Menschen bestimmt, Dort und sonst nirgends findet er Tod und Grab. (Davidstern) Ein jegliches Ding auf Erden ist vergänglich, und es bleibt allein das Antlitz des Herrn in seiner Erhabenheit und Größe. 55.Koransura, Der Allbarmherzige."

31   Die Platte ist nur noch unvollständig erhalten. Die vollständige Inschrift ist bei Seiler-Chan, a.a.O., S.55, und Nagel, a.a.O., S.42f., fast identisch wiedergegeben.

32   Das „Cemetery Register" wird nur von Seiler-Chan, a.a.O., S. 55, erwähnt und ist offenbar nicht mehr vorhanden.

33   Vgl. Nagel, a.a.O., S. 43.

34   Vgl. ebenda, S.42. Bei Seiler-Chan, a.a.O., S. 113, weicht vor allem die fünfte Zeile ab, die er mit „dormez en paix" wiedergibt.

35   Vgl. ebenda.

36   Vgl. BrLHArchP, Pr.Br.Rep. 2A Reg. Potsdam I SW, Nr.1465, Bl. 14f.

37   Vgl. ebenda, Bl. 80f.

38   Vgl. ebenda, Nr. 1420, Magistrat Schwedt, 11.5.1927. Vgl. ebenfalls: Schwedter Heimatblätter, (1941) 15, S.37, sowie die ausführliche Mitteilung des Stadtarchivs von Schwedt vom 14.7.1993 an den Autor.

39   Vgl. BrLHArchP, Pr.Br.Rep. 2A Reg. Potsdam I SW, Nr. 1465, Bl. 189f.

40   Vgl. Nagel, a.a.O., S. 43.

41   Vgl. Höpp, Muslime in der Mark, a.a.O., S. 151.

42   Zur Geschichte des Standorts vgl. Gerhard Kaiser, Sperrgebiet. Die geheimen Kommandozentralen in Wünsdorf seit 1871, Berlin 1993.

43   GStArchB, I. Hauptabteilung, Rep. 77, Tit. 123, Nr. 156, Bl. 3.

44   Vgl. PArchAAB, R 78240.

45   Vgl. Hans Hermann Theobald, Orient in Berlin. In: Berliner Morgenpost, Erste Beilage, 27.7.1923; Der Neue Orient, 7 (1923), S. 270.

46   Vgl. Vossische Zeitung, Abend-Ausgabe, 7.8.1923.

47   Vgl. BArchB, R 43 II/1499, Bl. 12; GStArchB, I. Hauptabteilung, Rep. 77, Tit. 123, Nr. 156, Bl. 4.

48   Vgl. Der Tag, 8.8.1923.

49   Vgl. Vossische Zeitung, Abend-Ausgabe, 7.8.1923.

50   Vgl. PArchAAB, R 78240.

51   Der Tag, 10.10.1924.

52   Vgl. Moslemische Revue, 1 (1924) 3, S. 113ff.

53   Vgl. PArchAAB, R 78240.

54   Vgl. Moslemische Revue, 2 (1925) 2, S. 1.

55   Vgl. PArchAAB, R 78240.

56   Vgl. ebenda.

57   Vgl. B.Z. am Mittag, 21.2.1928.

58   Vgl. Landesarchiv Berlin (LArchB), 94 VR 8769, Bl. 21.

59   Rumpelstilzchen, 9 (1928/29), S. 14f.

60   Muhammad Ali, Der Beitrag des Islams zur Zivilisation. In: Moslemische Revue, 10 (1934) 2-3, S. 44.

61   Rumpelstilzchen, 14 (1933/34), S. 258.

62   NS-Presseanweisungen der Vorkriegszeit. Edition und Dokumentation. Bd 4/I: 1936, München u.a. 1993, S. 249.

63   BrLHArchP, Pr.Br.Rep. 30 Berlin C, Tit. 148B, VR 1350, Bl. 12.

64   BArchB, Film 15205, Gestapo an Reichsminister für kirchliche Angelegenheiten, 11.2.1939.

65   Vgl. Moslemische Revue, 2 (1925) 3-4, S. 2.

66   Mohammad Aman Hobohm, Neuanfänge muslimischen Gemeindelebens in Berlin nach 1945. In: Moslemische Revue, 14 (1994) 1, S. 28.

67   Vgl. Karl-Heinz Metzger, Kirchen, Moschee und Synagogen in Wilmersdorf, Berlin 1986, S. 83; Neue Zeit, 26.6.1993; Berliner Zeitung, 26.3.1996.

ANDREAS LANGE

Islamisierende Architektur in Berlin und Brandenburg. Bauten und Bilder

Bereist man die Welt, so wird man vielerorts, aber vor allem in Europa und in Nord- und Südamerika, Bauten vorfinden, deren Formensprache aus anderen Kulturen entlehnt ist. Diese „Exotismen" passen eigentlich nicht in diese Länder und gehören dennoch dazu. Auf den folgenden Seiten soll der Leser mit einigen solcher Bauobjekte in Berlin und im Land Brandenburg bekanntgemacht werden, deren Stilformen aus der islamischen Welt stammen.

Deutschland nimmt in diesem Zusammenhang im europäischen Maßstab keine Sonderstellung ein. Dennoch sind bei der Herausbildung solcher „Exotismen" in den einzelnen Ländern zuweilen deutliche Unterschiede festzustellen; sie hängen ab unter anderem von der geographischen Entfernung zum ehemals maurischen Spanien bzw. zum osmanisch beeinflußten Balkan, von den politischen und militärischen Auswirkungen der Expansion des Osmanischen Reiches, vom Einfluß aufklärerischer Ideen im 18. Jahrhundert, von der Intensität der wissenschaftlichen Auseinandersetzung mit der Kunst des Orients und schließlich vom politischen Engagement in Afrika und Asien.

Während Begriffe wie „Chinoiserie" und „Ägyptenmode" ihren festen Platz in der Wissenschaft gefunden haben, konnte man sich bisher nicht auf einen übergreifenden Begriff für islamische Stilelemente einigen. In fast allen deutschsprachigen Arbeiten werden diese Stilanleihen als „orientalisierende Architektur" bezeichnet. Einmal ganz davon abgesehen, daß der in Europa unterschiedlich definierte Begriff „Orient" einfach unzureichend ist, geht es doch eigentlich um Stilelemente, die nur aus dem islamischen Kulturkreis entlehnt sind, einer Kunst also, die zeitlich, geographisch und religiös tief verwurzelt ist. Außerdem fließen hier Stilelemente aus einem Raum ein, der von Spanien bis Indonesien reicht und selbst Ostafrika mit einschließt. Deshalb erscheinen der Oberbegriff „islamischer Exotismus" und, daraus abgeleitet, z.B. „islamisierende Architektur" die einzigen vernünftigen Alternativen zu sein.

Der „islamische Exotismus" und seine verschiedenen Phasen in Deutschland

Die Mauren in Spanien, die Normannen in Sizilien, die geographische Nähe Nordafrikas und des Vorderen Orients, die Rückwirkungen der Kreuzzüge und der Kolonien auf Europa: Bei all dem wäre es schon einem Wunder gleichgekommen, wenn neben der Mathematik, der Philosophie, der Medizin, der Astronomie, den Sprachen usw. nicht auch die Architektur des Islam Europa beeinflußt hätte.

In Deutschland zeigte sich ein erster eindeutiger Einfluß der islamischen Kunst bei mehreren frühgotischen Kirchen aus dem frühen 13. Jahrhundert, so z.B. in Köln, Regensburg und Lübeck, aber auch, nicht weit von Brandenburg entfernt, beim Halberstädter Dom und bei der Schloßkapelle in Freyburg/Unstrut, wo deutsche Architekten zum ersten Mal auf Zargenbögen oder Vielpaßbögen zurückgriffen. In Berlin und Brandenburg hingegen finden wir aus dieser Zeit noch nichts „Islamisierendes".

Aus der Zeit der Spätgotik, rund 250 Jahre später, lassen sich allerdings vor allem in der Mark Brandenburg Architekturbeispiele finden, bei denen eingerahmte Portale und Maßwerk in Form netzartig durchbrochener Gitter sehr an die maurische Architektur erinnern. In einem Gebiet zwischen Stettin, Frankfurt/Oder und Tangermünde kann man mindestens dreizehn dieser Kirchen- und Rathausportale nachweisen. Sie gehen eindeutig auf die Arbeit einer Brandenburger Bauhütte in der zweiten Hälfte des 15. Jahrhunderts unter der Leitung eines Hinrich Brunsberg zurück.

Diese Portale sind teilweise fast identisch mit einer Backstein-Ornamentik, die die Almoraviden, Almohaden und Nasriden in Spanien und Nordafrika benutzten. Ein Vergleich mit der Giralda in Sevilla aus dem 11. Jahrhundert zeigt dies deutlich. Ob Hinrich Brunsberg, der jahrelang im Dienste der Ordensritter stand, diese Ornamente selbständig entwickelte oder ob er Ideen aus dem maurischen Spanien übernahm, kann allerdings nicht verifiziert werden.

Um die Mitte des 16. Jahrhunderts begann man sich in Europa zunehmend mit der osmanischen Kultur zu beschäftigen, deren künstlerische Ergebnisse nicht zu Unrecht als „Türkenmode" bezeichnet werden. Die „Türkenmode" wurde in ihrer ersten Phase aus dem Interesse an und der Achtung vor dem osmanischen Militär gespeist. Erst gegen Ende des 17. Jahrhunderts und besonders nach dem Sieg über die Osmanen vor Wien kam es zu einigen wenigen Versuchen, auch in die Architektur „türkische" Stilelemente einfließen zu lassen, was sich allerdings auf das Anbringen von Halbmonden beschränkte. Nur das Innere solcher Bauten wurde mit seltenen türkischen Tapeten, Stoffen, Stühlen und Leuchtern ausgeschmückt; Türkenputten bzw. türkische Zelte verschönerten die Gärten. Leider ist in Berlin davon nichts mehr zu finden, hingegen aber in Potsdam.

Diese „Türkenmode" sollte als erste Phase der islamisierenden Architektur (1650-1750) betrachtet werden, deren zweite die der „freien Kopie" ist, die von 1740 bis ca. 1800 andauerte. Besonders durch die Publikation der umfangreichen Arbeiten des Engländers Chambers, der 1763 im englischen Kew unter anderem eine türkische Moschee und einen im maurischen Stil gehaltenen Pavillon errichtet hatte, drangen erstmals konkrete Vorstellungen über die islamisierende Architektur nach Deutschland. Nach der durch die napoleonischen Kriege bedingten Unterbrechung der Bautätigkeit setzte um 1820 die Phase der „direkten Kopie" ein, die bis etwa 1900 währte. In dieser Zeit übernahmen deutsche Architekten aus Musterbüchern Stilelemente oder reisten sogar in den Vorderen Orient, um dort unmittelbar die islamische Architektur zu studieren. Diese Phase leitete qualitativ und vor allem quantitativ einen neuen Abschnitt des „islamischen Exotismus" ein.

Während die Bauten aus der Zeit der „Türkenmode" und derjenigen der „freien Kopie" mehr oder weniger aus einer Weltsicht heraus zu verstehen sind, in der die religiöse Toleranz im Zusammenhang mit der Aufklärung eine wichtige Rolle spielte, ist die Phase der „direkten Kopie" im allgemeinen Ausdruck eines großen Interesses an der Kultur der islamischen Länder. In den meisten Fällen bereisten die Bauherren den Vorderen Orient oder Nordafrika und waren derart von der dortigen Architektur begeistert, daß sie eine Erinnerung an diese für sie exotische Welt auch zu Hause haben wollten. In einigen Fällen skizzierten sie ihre Bauvorhaben sogar selbst, die dann von Architekten bzw. Handwerkern – wenngleich oft laienhaft – umgesetzt wurden. Andere nahmen die Dienste von Architekten in Anspruch, die sich der islamischen Architektur verpflichtet fühlten und größere Erfahrung hatten. Besonders ist hier der Berliner Architekt Carl von Diebitsch (1819-1869) hervorzuheben, der sowohl in Deutschland als auch in Ägypten wirkte und vom ägyptischen Khediven 1861 als Hofarchitekt nach Kairo berufen wurde.

Die letzte Phase des „islamischen Exotismus" ist diejenige des Übergangs zum Jugendstil und seines Ausklangs (1890-1927). Die Verbindung mit der islamischen Ornamentik ließ im Jugendstil einige interessante Bauten entstehen; auffallend ist dabei die zunehmende Verwendung von Beton und Stahlkonstruktionen. Beispiele aus dieser Zeit sind einige Innenarchitekturen und vor allem die sogenannte „Tabakmoschee" in Dresden sowie ein Portal am Steinplatz in Berlin. Das letzte bekannte Bauwerk aus dieser Phase ist die Moschee in der Brienner Straße in Berlin-Wilmersdorf.

Im Prinzip wurden in Europa auf fast allen Gebieten der Architektur, insbesondere im 19. Jahrhundert, islamische Stilelemente herangezogen: Rathäuser, Theater, Museumsbauten, Ministerien, Synagogen, christliche Friedhofsbauten, einfache Wohnhäuser, Villen, Schlösser, technische und landwirtschaftliche Bauten, Fabriken, Gärten, Zoo- und Vergnügungsbauten, Badeanstalten, Restaurants, Ausstellungspavillons und selbst Bauten der Freimaurer. Berücksichtigt man noch die Zeit der Früh- und Spätgotik, so zählen sogar Kirchen zu den Architekturgebieten mit islamischen Stilanleihen.

Die Motivation für den Gebrauch islamischer Stilformen in Europa war neben der allgemeinen Attraktivität einer exotischen Architektur auch die Herstellung einer ideellen Verbindung zum islamischen Orient, wenn wir zum Beispiel an den islamisierenden Stil vieler Cafés, Bäder, Pferdeställe, Tierhäuser in zoologischen Gärten, Tabakfabriken usw. denken.

Neben Bayern, Baden-Württemberg und Sachsen waren in Deutschland vor allem Berlin und Brandenburg am stärksten von der islamisierenden Architektur beeinflußt, wovon auch heute noch viele erhalten gebliebene Bauten zeugen. Sieht man sich heute diese Objekte an, so wird man feststellen, daß sich die meisten in einem guten Zustand befinden. Nicht so sehr, weil man sie für außergewöhnlich hält, sondern weil man diese Bauten endlich als kulturhistorisch wertvoll betrachtet, ist in den letzten Jahrzehnten viel für ihren Erhalt getan worden. Nicht zuletzt der jetzige Wiederaufbau des „Türkischen Zimmers" im Marmorpalais in Potsdam belegt dies eindeutig.

Sollte der muslimische Fachmann bei diesen Gebäuden Elemente entdecken, die seiner Meinung nach nicht aus dem islamischen Kulturkreis stammen, so sollte er dies den alten Baumeistern verzeihen. Denn wichtig war und ist: Der einheimische

Betrachter war und ist auch heute noch von dem unverwechselbaren und verführerischen Ambiente des islamischen Orients fasziniert, wenn auch so manches mit europäischen Elementen vermengt wurde. Seinerzeit wollte man schließlich auch das Interesse an dieser Kultur demonstrieren, was in vielen Fällen gut gelungen ist.

VERZEICHNIS DER ABBILDUNGEN

Abb. 1: Typische Vielpaßbögen in der Doppelkapelle der Burg Neuenburg in Freyburg/Unstrut.

Abb. 2: Das Potsdamer Pumpenhaus für die Fontänen des Schloßparks Sanssouci ist eines der bedeutendsten Bauwerke im islamisierenden Stil in Brandenburg. Während das Gebäude äußerlich der Sultan-Barqūq-Moschee in Kairo nachempfunden wurde, erinnert es im Innern an die große Moschee von Cordoba. Die „Moschee" wurde 1841 von Ludwig Persius errichtet.

Abb. 3 und 4: Die Giralda in Sevilla aus dem Jahre 1190 mit großflächigem Maßwerk. Im Vergleich dazu die Burgkapelle im brandenburgischen Ziesar von 1470 mit ähnlich netzartig durchbrochenem Gitterwerk.

Abb. 5: (Entwurfskizze) Im Potsdamer Marmorpalais befindet sich das „Türkische Zimmer" aus dem Jahr 1798. Die Tapeten bestehen aus blau- und weißgestreiftem Atlas, an der Wand stehen Lanzen, oben mit schwarzen und weißen Straußenfedern geziert.

Abb. 6: Eine der von Carl von Diebitsch errichteten Anlagen ist in der brandenburgischen Stadt Neuruppin zu sehen: der Tempelgarten mit Villa, großem Tor und Umfassungsmauer im maurischen Stil. Die um 1856 erbaute Villa ist heute ein Restaurant, in dem man die farbigen Stuckarbeiten im Stil der Alhambra bewundern kann. Neben einer barocken Sandsteinplastik, die den osmanischen Sultan Sulaimān II. darstellt, sind zahlreiche Gemälde sehenswert, die der Freund Diebitschs 1865-1868 in Kairo schuf; sie hängen heute im Vestibül des Landkreisamtes.

Abb. 7: Für sich selbst errichtete Carl von Diebitsch 1857 am Hafenplatz in Berlin ein „Maurisches Haus". Das Mietshaus war so bekannt, daß Theodor Fontane es in seinem 1887 erschienenen Roman „Cécile" beschrieb. Es wurde im Zweiten Weltkrieg zerstört.

Abb. 8: Im Schloß Branitz bei Cottbus, das zwischen 1850 und 1856 von Fürst Pückler-Muskau errichtet wurde, befinden sich mehrere Zimmer mit einer Tapetenmalerei im islamisierenden Stil. Über einer Tür befindet sich diese Tughra des osmanischen Sultans Mahmūd (die Karin Schweißgut dankenswerterweise identifiziert hat).

Abb. 9: Unter den Linden 27 in Berlin befand sich einst das Restaurant „Kaiserhallen". Das 1885 errichtete Gebäude war innen mit farbiger maurischer Ornamentik versehen; es wurde im Zweiten Weltkrieg zerstört.

Abb. 10: Im Berliner Zoologischen Garten entstanden im letzten Drittel des 19. Jahrhunderts zahlreiche Tierhäuser im islamisierenden Stil. Neben dem erhaltenen Einhuferhaus (ostafrikanisch) und dem maurischen Antilopenhaus ist vor allem der im persischen Stil errichtete Turmstall sehenswert.

Abb. 11: In Dammsmühle bei Mühlenbeck, nördlich Berlins, wurde 1894-1898 in einem Park ein im Teich schwimmender Tanzsaal gebaut. Das hölzerne Gebäude mit roten Kuppeln im indischen Moghul-Stil wurde 1944 abgerissen.

Abb. 12: Nahe dem Berliner Kurfürstendam befindet sich dieses Gebäude aus dem Jahre 1906. Das Portal des heutigen Seniorenheims am Steinplatz 4 verdeutlicht den Einfluß islamischer Formen auf den Jugendstil.

Abb. 13: In der Brienner Str. 7-8 in Berlin-Wilmersdorf steht die älteste Moschee der Hauptstadt. Sie wurde zwischen 1924 und 1927 von dem deutschen Architekten K.A. Hermann errichtet.

Abb. 1: Burg Neuenburg in Freyburg/Unstrut

Abb. 2: Das Potsdamer Pumpenhaus

Abb. 3: Die Giralda in Sevilla

Abb. 4: Burgkapelle im brandenburgischen Ziesar

Abb. 5: „Türkisches Zimmer" im Potsdamer Marmorpalais

Abb. 6: Villa im Tempelgarten von Neuruppin

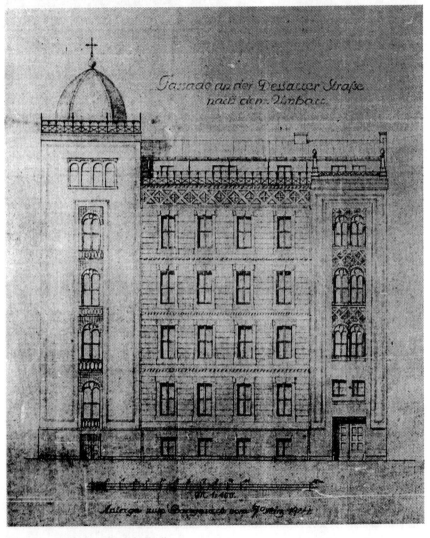

Abb. 7: „Maurisches Haus" in Berlin

Abb. 8: Schloß Branitz bei Cottbus

Abb. 9: Restaurant „Kaiserhallen", Unter den Linden, Berlin

Abb. 10: Tierhaus im Berliner Zoologischen Garten

Abb. 11: Schwimmender Tanzsaal in Dammsmühle

Abb. 12: Portal am Steinplatz in Berlin

Abb. 13: Die Moschee in Berlin-Wilmersdorf

PETER HEINE

Berliner Islamwissenschaft.
Ein wissenschaftsgeschichtlicher Überblick

Die Anfänge der Wissenschaften vom Nahen Osten gehen in Deutschland auf die
Mitte des 16. Jahrhunderts zurück. Zu jener Zeit spielte Berlin politisch oder wissenschaftlich noch keine Rolle. Das Zentrum der deutschen Gelehrsamkeit, die sich
mit der islamischen Welt beschäftigte, war Heidelberg, wo 1609 eine Professur eingerichtet wurde, zu deren Aufgabengebiet auch die Vermittlung des Arabischen
gehörte. Die wenigen Gelehrten, die sich intensiver mit dieser fremden Kultur beschäftigen wollten, mußten ins Ausland reisen, nach Frankreich, Italien oder in die
Niederlande.[1] Wie auch noch bis nahezu zum Beginn des 20. Jahrhunderts waren es
vor allem Theologen, die sich mit semitischen Sprachen, also auch mit dem Arabischen, befaßten, um tiefergehende Kenntnisse der Sprache des Alten Testament zu
erhalten. Über dieses philologische Interesse hinaus glaubten sie, daß sich die Bedu-
inenstämme der arabischen Halbinsel oder der syrischen Wüste in ihrer traditionellen Kultur nur wenig von den Kindern Israels unterschieden oder sich zumindest
Parallelen in der Rechtsprechung, der materiellen Kultur etc. fänden. So waren Arabistik und Islamwissenschaft in ihren Anfängen im akademischen Bereich vor allem
Hilfswissenschaften der Wissenschaft vom Alten Testament.[2]

Erst mit dem Beginn der Aufklärung beginnt eine Lösung der orientalischen Studien von der christlichen Theologie. Die Faszination des Fernen Ostens hatte aber
zunächst den Vorrang. Erst mit der Übersetzung der arabischen Märchensammlung
von 1001 Nacht durch Antoine Galland (1646-1715) setzte in ganz Europa ein be-
sonderes Interesse an der islamischen Welt ein. Plötzlich wurde den Lesern der
Märchensammlung bewußt, daß der islamische Orient nicht nur die Welt von Häre-
tikern, türkischen Sklavenhändlern und Mordbrennern war, sondern ein Teil der
Welt: „Wir bewegen uns aus der höchsten in die niedrigste Welt, vom Kalifen zum
Barbier, vom armseligen Fischer zum fürstlichen Kaufherrn, und es ist die *eine*
Menschlichkeit, die uns umgibt, mit breiter, leichter Woge uns hebt und trägt."[3] Die
Märchensammlung, die in alle europäischen Sprachen übersetzt wurde, ist von
kaum zu überschätzender Bedeutung für das Orientbild in Deutschland.[4] Die Ro-
mantisierung des Orients nahm von hier ihren Anfang.[5] Auch den Koran las man
nun anders. Der Prophet Muhammad war nicht mehr die Kreatur eines verbrecheri-
schen Diakons, der sich, da er nicht zum Papst gewählt worden war, an der Christ-
enheit rächte, indem er eine neue Religion konstruierte. Für Leibniz und andere
Aufklärer war Muhammad vielmehr der Verkünder einer natürlichen Religion, von
der einige meinten, sie sei dem Christentum weit überlegen. Eine derartige Haltung
war allerdings nicht Allgemeingut. Vorurteile gegenüber dem Islam blieben weiterhin bestehen, auch wenn sie sich jetzt differenzierten. Mit einer genaueren Kenntnis
vom Islam wurde auch die Möglichkeit, sich mit mehr oder weniger ausgeprägten

wissenschaftlichen Begründungen abfällig über diese Religion und Kultur zu äu-
ßern, erweitert.[6]

Die Anfänge

Die großen Kolonialmächte England und Frankreich hatten aus praktischen Erwä-
gungen seit dem Beginn des 19. Jahrhunderts akademische Einrichtungen gegründet, an denen die verschiedensten orientalischen Sprachen gelehrt wurden. Dabei
wurde stets auf einen klaren Praxisbezug geachtet, denn man benötigte Verwal-
tungskräfte, die in den neu erworbenen Kolonien, sei es Algerien oder Indien, möglichst effektiv eingesetzt werden konnten, und Sprachkompetenz war ein Teil dieser
Effektivität. Auch in der östereichisch-ungarischen Doppelmonarchie bestand angesichts der direkten und häufig konfliktreichen Nachbarschaft zum Osmanischen
Reich ein großes praktisches Interesse an orientalischen Studien. In Deutschland
waren dagegen die Versuche einiger Teilstaaten, Kolonien zu gründen, nicht erfolgreich. Von daher fehlte lange Zeit ein größeres Interesse an gegenwartsbezogenen
praktischen Orientwissenschaften. Hier befanden sich die an einigen Universitäten
vorhandenen Fachvertreter in einer gewissen Nähe zu den theologischen Fakultäten,
in einigen Fällen waren sie ursprünglich Theologen. Dies war auch in Berlin nicht
anders. Hier hatte Georg H. Bernstein (1787-1860), der bei dem Vater einer modernen arabischen Philologie, Sylvestre de Sacy, in Paris studiert hatte, ein Extraordinariat für orientalische Sprachen und biblische Dogmatik inne.[7] Ferner wirkten an
der Berliner Universität der Philosophie-Historiker August Schmölders (1809-
1889)[8] und Friedrich Dieterici (1829-1903), der sich ebenfalls intensiv mit der arabischen Philosophie-Geschichte auseinandersetzte und eine Vielzahl von arabischen
philosophischen Texten edierte.[9] Das philologische Moment stand also in vielen
Fällen im Vordergrund dieser wissenschaftlichen Bemühungen. Wo das nicht der
Fall war, spielte das romantische Moment eine erhebliche Rolle. Man denke an
Friedrich Rückert, der ja nicht nur ein erfolgreicher Dichter, sondern auch Professor
für die orientalischen Sprachen an der Universität Erlangen war,[10] zu dessen Schü-
lern auch ein „Universalgenie" wie Peter Cornelius, der Komponist des „Barbier
von Baghdad" gehörte.[11]

Die Etablierung

Auch an der Berliner Universität, die 1820 gegründet worden war, stand die gegenwartsbezogene Orientforschung zunächst nicht im Vordergrund des Interesses. Allerdings setzten sich die großen Gestalten der *alma mater* wie Hegel oder Schleier-
macher in ihren Vorlesungen und Schriften auch mit dem Islam auseinander. Von
einer etablierten und in den öffentlichen Bereich ausstrahlenden Islamwissenschaft
kann jedoch erst seit 1876 gesprochen werden. In diesem Jahr wurde Eduard Sachau (1845-1930) ordentlicher Professor für orientalische Sprachen. Sachau war ein
sehr dynamischer Mann, der bei einigen der bedeutendsten Gelehrten seiner Zeit
studiert hatte. Er hatte 1867 in Leipzig bei Heinrich Leberecht Fleischer promoviert
und war schon zwei Jahre später auf ein Extraordinariat in Wien berufen worden,

wo er 1872 ein Ordinariat erhielt. Er war in vielen orientalischen Sprachen zuhause, zugleich eine organisatorische Begabung und jemand, den man heute einen Kommunikator nennen würde. Wissenschaftlich sind mit seinem Namen zwei große Projekte von internationalem Rang verbunden: Er edierte die „Chronologie der alten Völker" von al-Bīrūnī und übersetzte sie ins Englische (1876-1879) und ließ diesem Unternehmen 1887/88 das Indienbuch des selben Autors folgen. Er machte damit eine internationale Leserschaft mit einem der interessantesten und kurzweiligsten muslimischen Gelehrten des Mittelalters vertraut, der sich in einer bemerkenswert objektiven Weise mit der indischen Geschichte und Geisteswelt auseinandersetzte. Nicht minder bedeutend ist Sachaus Anstoß, für die Edition des „Klassenbuches" von Ibn Saʿd eine große Zahl von exzellenten Fachgenossen zusammenzubringen wobei er selbst wichtige Teile dieses für die islamischen Prophetentraditionen zentralen Werks edierte, grundsätzliche Untersuchungen dazu anstellte und bis ins hohe Alter die für ein solches Werk unerläßlichen Indices bearbeitete.

Abb 1: Eduard Sachau

Wichtig war, daß Sachau den Orient schon 1879/80 auf einer ausgedehnten Syrienreise kennengelernt hatte. Frucht dieser Reise war u.a. der Ankauf von epigraphischem und handschriftlichem Material vor allem zum Syrischen, das von der Berliner Staatsbibliothek übernommen wurde. Ein anderes Ergebnis waren drei „Syrische Rechtsbücher", die ihn als vorzüglichen Kenner dieser Sprache auswiesen. Er hatte diese Reise im Auftrag der preußischen Regierung unternommen. Dies war eine geläufige Praxis. Verschiedene Universitätsangehörige der entsprechenden Fächer unternahmen derartige Reisen. Dabei ging es einerseits darum, Landeskenntnisse zu erwerben, andererseits aber auch wohl um eine gewisse Rekognoszierung der politischen und gesellschaftlichen Verhältnisse in den bereisten Ländern.[12]

Abb. 2: Eugen Mittwoch

Sachaus Nachfolger wurde – nach einem einjährigen Zwischenspiel mit Carl Brockelmann – Eugen Mittwoch (1876-1942), der sich zunächst mit „klassischen" islamwissenschaftlichen Themen wie den *Ayyām al-ʿArab* oder den Werken Ḥamza al-Iṣfahānīs beschäftigt hatte. Am Seminar für Orientalische Sprachen (s. das folgende) hatte er Lehraufträge für Amharisch und Äthiopisch. Während des Ersten Weltkriegs war er als Nachfolger Max von Oppenheims und Karl Emil Schabinger von Schowingens ziviler Leiter der „Nachrichtenstelle für den Orient", einer Einrichtung, in der die nachrichtendienstlichen und propagandistischen Aktivitäten deutscher Stellen gegen die Entente und ihre Besitzungen in Asien und Afrika koordiniert wurden. Nachdem er 1915 Mark Lidzbarskis Nachfolge in Greifswald angetreten hatte, wurde Mittwoch schon 1919 nach Berlin zurückberufen. Dabei spielte neben seiner wissenschaftlichen Qualifikation auch das Interesse des Auswärtigen Amtes eine Rolle, das die „Nachrichtenstelle für den Orient" in ein „Orient-Institut" überführen wollte. Aufgrund des „Gesetzes zur Wiederherstellung des Berufsbeamtentums" wurde Mittwoch 1933 aller seiner Funktionen enthoben. In einem bemerkenswerten Verfahren, bei dem er sich in beeindruckender Weise gegen das Verhalten seiner Universität wehrte, wurde er schließlich 1936 emeritiert. Es gelang ihm, noch 1939 der Verfolgung nach London zu entkommen.

Auch die für die Wissenschaftspolitik der Zwischenkriegszeit im Bereich der Orientalistik wichtigste Persönlichkeit, Carl Heinrich Becker (1876-1933), mehrfacher preußischer Minister auch für Hochschulangelegenheiten, war Mitglied der Philosophischen Fakultät der Berliner Universität gewesen. Seit 1925 wurde er als Honorarprofessor geführt, nahm aber angesichts seiner politischen Aktivitäten erst ab 1930 intensiver an der Arbeit der Fakultät teil.[13]

Abb. 3: Carl Heinrich Becker

Das Institut für Semitistik und Islamkunde wurde 1936 in Institut für Arabistik und Islamkunde umbenannt. 1939 wurde ein Orient-Institut mit den Abteilungen Iranistik, Arabistik, Sinologie und Indologie eingerichtet.[14] Die iranistische Abteilung leitete Hans Heinrich Schaeder (1896-1957), die arabistische Richard Hartmann

(1881-1965). Schaeder, der sich in Leipzig habilitierte und einen ersten Lehrstuhl in Königsberg innehatte, war 1932 nach Berlin gekommen und wurde zu einem prominenten Iranisten, der sich aber vor allem mit Religion und Kultur des vorislamischen Iran befasste.[15] Richard Hartmann war einer der originellsten deutschen Islamwissenschaftler der Zeit zwischen den beiden Weltkriegen und bis in die sechziger Jahre. Für ihn endete die islamische Geschichte nicht mit der Eroberung Baghdads durch die Mongolen, wie für manche seiner zeitgenössischen Kollegen; vielmehr widmete er sich dem späten Mittelalter und der Neuzeit bis hin zu dem, was er islamische Zeitgeschichte nannte. Nach dem Krieg war er trotz seines fortgeschrittenen Alters eine der wichtigsten Persönlichkeiten für den Wiederaufbau der Berliner Orientalistik an der Humboldt-Universität und im Institut für Orientforschung der Deutschen Akademie der Wissenschaften.[16]

Das Seminar für Orientalische Sprachen und seine Nachfolger

Erst nach dem Berliner Kongreß hatte der wilhelminische Staat die Notwendigkeit gesehen, die eher zufällige Form der Verbindung von operationeller Politik und wissenschaftlicher Arbeit in eine dauerhafte Struktur zu bringen. Am 27. Oktober 1887 wurde in Berlin in der Dorotheenstraße 6 das Seminar für Orientalische Sprachen (SOS) feierlich eröffnet. Der preußische Kultusminister von Goßler stellte dabei fest, daß es nun in Berlin ein Institut gäbe, „welches erwachsen ist aus den Erfahrungen der letzen Jahre und aus den Bedürfnissen der Gegenwart, als eine Anstalt, die gestellt werden soll in den Kreis der wichtigsten Interessen unseres Lebens"[17]. Er fuhr fort, daß seit langem deutscher Fleiß und deutscher Scharfsinn auch auf diesem Gebiet reiche Lorbeeren gepflückt habe; die neue Einrichtung solle aber keineswegs die in Frage kommenden Lehrstühle der Universitäten beeinträchtigen. Ihnen werde auch ferner die Aufgabe zufallen, die Sprachen des Orients zum Gegenstand der kritischen und vergleichenden Forschung zu machen, während das Seminar die Sprachen für den praktischen Gebrauch vermitteln solle, zur Ausrüstung für Ziele, welche außerhalb des Gebietes der Philologie liegen.

Das SOS sollte sich auf theoretische Vorträge und praktische Übungen in den sechs lebenden Hauptsprachen des Orients und Ostasiens (Türkisch, Arabisch, Persisch, Japanisch, Chinesisch und indische Idiome) konzentrieren. Für jede Sprache wurde ein mit den Landesverhältnissen und der Landessprache vertrauter deutscher Lehrer eingestellt „und demselben ein aus den Eingeborenen des Landes entnommener Assistent beigegeben". In späteren Diskussionen im Preußischen Landtag wurde dann angesichts der deutschen Kolonialinteressen in Ostafrika auch noch Suaheli in die Liste der anzubietenden Sprachen aufgenommen.

Es lag den Initiatoren der Einrichtung auch daran, den Unterschied zur Universität deutlich herauszustellen. So wurde verfügt, daß Studierende am SOS dort keine Vorlesungen belegen konnten. Hier ergaben sich Schwierigkeiten, weil eine große Zahl von Jura-Studenten, die als Berufsziel den diplomatischen Dienst intendierten, die Angebote des Seminars annahmen. Neben diesen waren es Missionare, Offiziere der deutschen Schutztruppe und Kolonialbeamte, die die Lehrangebote des SOS nutzten. Zunächst war man von einem Unterrichtsumfang von 18 Stunden pro Woche ausgegangen. Die Kursgröße wurde auf 12 Teilnehmer festgelegt. Bis zum Diplom mußten nach einigen Änderungen vier Semester absolviert werden. Der auch aus der Studienordnung deutlich werdenden Sorge, daß eine Konkurrenzeinrichtung zur Universität entstünde, wurde durch die Ernennung von Sachau zum Leiter des SOS die Begründung genommen.[18]

Bis zum Ende des deutschen Kaiserreichs arbeitete die Einrichtung erfolgreich, wie die Berichte und sonstigen Veröffentlichungen des Seminars verdeutlichen. Danach fiel durch den Verlust der deutschen Kolonien eine wichtige Begründung für die Existenz des Seminars fort. Es war daher notwendig, eine Weiterentwicklung der Lehrinhalte zu bewerkstelligen. Diese Veränderung führte zu heftig geführten Auseinandersetzungen im politischen Raum, aber auch und vor allem unter den beteiligten Wissenschaftlern, die sich mit Flugschriften und Privatdrucken bekriegten.[19] Die größte Resonanz bei den Umstrukturierungsbemühungen hatte die Idee, das SOS zu einer Auslandhochschule zu machen, an der „Nationenwissenschaften", heute würde man von Regionalwissenschaften sprechen, gelehrt werden sollten. Dies hätte Konsequenzen für das Verhältnis zwischen dem Seminar und den entsprechenden Universitätseinrichtungen haben können. Man redete auch von der Vereinigung der orientalischen Einrichtungen der Universität und des Seminars. Ehe es jedoch zu einer endgültigen Lösung der zahlreichen Konfliktpunkte kam, gelangten 1933 die Nationalsozialisten an die Macht, was u.a. Veränderungen im personellen Bereich der Universität zur Folge hatte. So wurde der Direktor des SOS, Eugen Mittwoch, seines Postens enthoben und ins Exil nach England gezwungen. Mittwoch war seinem Nachfolger Alfred Franz Six (1909-1975), der sich nur durch seine engen Kontakte zum Reichspropagandaministerium und zum Reichssicherheitshauptamt hervortat, in jeder Hinsicht weit überlegen gewesen.

Eine Vielzahl von dem neuen Regime nahestehende Dozenten kam nun an das Seminar. Das Interesse an den „Nationenwissenschaften" nahm mehr und mehr zu, und 1935 erhielt der „mit der Wahrnehmung einer Professur für russische Nationenwissenschaften" betraute Direktor des SOS, Anton Palme (1872-1943), den Auftrag, das Seminar in eine Auslandhochschule an der Friedrich-Wilhelms-Universität überzuführen. Diese neue Einrichtung bestand dann allerdings nur von 1936 bis 1939; denn am 1. Januar 1940 wurde sie mit der Hochschule für Politik vereinigt und als Auslandswissenschaftliche Fakultät der Universität angeschlossen. Dabei wurden Fächer wie „Volks- und Landeskunde" für verschiedene Länder eingerichtet. Für die Türkei war der Atatürk-Forscher Gotthard Jäschke (1894-1983)[20], für Iran Sebastian Beck, für Arabien Walther Braune (1900-1990) und Walter Björkman (1896-1996) zuständig. Björkman, der sich nach einer turkologischen Dissertation 1927 in Hamburg mit einer Arbeit zum Kanzleiwesen im mamlukischen Ägypten habilitiert hatte, war seit 1927 Lehrer für Arabisch am SOS gewesen. 1930 ließ er sich an die Philosophische Fakultät der Berliner Universität umhabilitieren.[21] Am Seminar hatte er sich mehr und mehr mit aktuellen Fragen der arabischen Welt befaßt. So veröffentliche er „Geschichtskalender" für Ägypten und den Irak. Mit Datum vom 11. November 1942 wurde er zum außerordentlichen Professor für Volks- und Landeskunde Westarabiens an der Auslandswissenschaftlichen Fakultät der Universität, zwei Jahre später zum ordentlichen Professor für Turkologie an der Universität Breslau ernannt.[22] Nach dem Krieg lehrte Björkman von 1951 bis 1963 in Uppsala und war zwischenzeitlich Professor für Arabisch und Persisch an der Universität Ankara.

Mit dem Ende des Nazi-Reichs ging auch diese regionalwissenschaftliche Einrichtung in Berlin unter. Ein Seminar für orientalische Sprachen mit Funktionen, wie sie auch die ursprüngliche Einrichtung gehabt hatte, wurde für Westdeutschland in Bonn eingerichtet.

Die „Deutsche Gesellschaft für Islamkunde"

Am 1. Februar 1917 meldete Martin Hartmann (1851-1918)[23] in seiner Eigenschaft als Erster Vorsitzender beim Königlichen Amtsgericht in Berlin-Mitte die „Deutsche Gesellschaft für Islamkunde" (DGI) an. Sie war allerdings schon am 21. Februar 1913 gegründet worden. Nach der Satzung bestand der Zweck der Gesellschaft darin, „die Förderung der Islamforschung, d.h. der Erforschung der ethnischen, kulturellen, religiösen und wirtschaftlichen Zustände der Islamwelt mit besonderer Rücksicht auf die Gegenwart" zu betreiben.

Abb. 4: Martin Hartmann

Die DGI übernahm die Herausgabe der Zeitschrift „Die Welt des Islams", plante Treffen, bei denen regelmäßig über die Entwicklungen in der „Islamwelt" berichtet werden sollte, und unterhielt eine Spezialbibliothek, in der vor allem gegenwartsbezogene Veröffentlichungen und Zeitungen und Zeitschriften gesammelt werden sollten. Neben Hartmann gehörten Georg Kampffmeyer (1864-1936)[24] als Zweiter Vorsitzender, der Redakteur Otto Jöhlinger als Schriftführer und Konsul a.D. Ernst Vohsen als Schatzmeister dem Vorstand an. Mitglieder der Gesellschaft waren u.a. Carl Heinrich Becker, Eugen Mittwoch, Gotthard Jäschke, Moritz Sobernheim, Generalleutnant a.D. Imhoff und Freiherr von der Goltz Pascha. Im Jahr 1920 gehörten zu den Mitgliedern auch Gotthelf Bergstraesser, Hubert Grimme, Friedrich Giese, Paul Kahle und Dietrich Westermann. Später übernahm nach Becker Kampffmeyer den Vorsitz. Nach dessen Tod im Jahr 1936 leitete Jäschke die Gesellschaft. Bis zum Beginn des Zweiten Weltkriegs blieb die Hauptaufgabe der DGI die Herausgabe der „Welt des Islams". Daneben trat sie als Organisatorin von öffentlichen Vorträgen bekannter Wissenschaftler zur gegenwartsbezogenen Fragen des Islam und der islamischen Welt in Berlin in Erscheinung. Mit dem Zusammenbruch des Nazi-Reichs kam die Gesellschaft zu einem Ende, wobei nicht klar ist, ob es während des Krieges noch größere Aktivitäten gab. Auf Anfrage teilte Jäschke am 15. Januar 1955 dem Amtsgericht Berlin-Charlottenburg mit: „Der Verein hat keine Mitglieder und kein Vereinsvermögen mehr. Ich stelle daher anheim, den Verein als tatsächlich nicht mehr bestehend von Amts wegen zu löschen."[25] Zu diesem Zeitpunkt wurde allerdings „Die Welt des Islams" in neuer Folge von Jäschke und Otto Spies schon seit vier Jahren in Westdeutschland wieder herausgegeben.

Die Humboldt-Universität

An der Berliner, nun Humboldt-Universität begann die Arbeit bald nach Kriegsende schon im Frühjahr 1946. In den ersten Jahren nach der Wiedereröffnung spielten die orientalischen Disziplinen im Fächerkanon keine bedeutende Rolle. Zu groß war der Nachholbedarf auf anderen Gebieten. Die Fachvertreter gaben sich dennoch alle Mühe, die Grundlagen für die Fortführung der Berliner orientalistischen Wissenschaftstradition zu schaffen. Richard Hartmann formulierte im September 1945 eine Erklärung zur Notwendigkeit der „dringenden Erhaltung" des Seminars für Orientalische Sprachen.[26] Er und Ernst Kühnel (1882-1964) begannen mit den ersten Lehrveranstaltungen unmittelbar nach der Wiedereröffnung der Universität. Neben ihnen waren auch Walter Braune und Werner Caskel (1896-1970) als akademische Lehrer aktiv. Seit dem Sommersemester gehörte zum Lehrkörper auch Leopold Giesecke, der bis zum Sommersemester 1957 als Lehrbeauftragter für orientalische Sprachen tätig war. Nur ein Semester (WS 1949/50) lang unterrichtete der Wissenschaftshistoriker Alfred Siggel (1884-1959). Nachdem Richard Hartmann an das Institut für Orientforschung der Deutschen Akademie der Wissenschaften gegangen war, war die Islamwissenschaft seit dem Sommersemester 1951 nur noch durch die klassischen islamischen Literatursprachen Arabisch, Persisch und Türkisch präsent. Hin und wieder bot auch der Keilschriftforscher Erich Ebeling Einführungen in das Arabische an. Verstärkung erhielt das Fach jedoch durch Gerhard Wallis, der Assistent an der Evangelisch-Theologischen Fakultät im Bereich der Wissenschaften vom Alten Testament war. Mit der Reduktion auf die entsprechenden Sprachkurse befand sich die Islamwissenschaft an der Humboldt-Universität in einer Minimalsituation, der auch die Tatsache nicht abhelfen kann, daß im Bereich der aufblühen-

den Iranistik der Gastdozent Kheirkhah-Esfahani Mitte der 50er Jahre eine umfäng-
liche Einführung in die Islamwissenschaft in persischer Sprache anbot.

Abb. 5: Georg Kampffmeyer

Erst als Heinrich Simon 1957 seine Tätigkeit als Dozent für antike und mittelalterliche Philosophie sowie Philosophie und Kultur des Vorderen Orients an der Humboldt-Universität aufnahm, kann von einer Fortführung der islamwissenschaftlichen
Tradition an der Universität gesprochen werden. Simon, der sich mit einer Arbeit
über den arabischen Geschichtsphilosophen Ibn Ḫaldūn habilitiert hatte, bemühte
sich zugleich erfolgreich um den Aufbau der Hebraistik. Mit Eberhard Serauky
wurde seit 1983 der islamwissenschaftliche Bereich weiter verstärkt. Vom Winter-
semester 1963/64 an findet sich auch ein größerer Stab von wissenschaftlichen Mitarbeitern, Assistenten und Lehrbeauftragten für das Arabische. Trotz der
Konzentration der modernen Nahostforschungen in Leipzig gelang später auch die
Etablierung von Professuren für die Ökonomie des Nahen Ostens und für
„Internationale Beziehungen in Asien".

Es ist hier nicht die Gelegenheit, die verschiedenen Entwicklungen der Hochschul-
politik der DDR in bezug auch auf die Islamwissenschaft zu rekapitulieren. Dies ist
u.a. durch Gerhard Höpp und Kai Hafez schon geschehen.[27] Für die Islamwissenschaft an der Humboldt-Universität war entscheidend, daß es ihr in den fünfziger

und frühen sechziger Jahren an dynamischen Akteuren mangelte, die, vergleichbar dem Iranisten Heinrich Junker oder den Indologen Walter Ruben und Diethelm Weidemann, eine wissenschaftliche Struktur aufbauten, die sich auch gegenüber den Wissenschaftspolitikern durchsetzen konnte. Die Konzentration der universitären Aktivitäten in den modernen Nahostwissenschaften der DDR in Leipzig war gewiß eine Konsequenz dieser Situation.

Die Orientforschung an der Akademie der Wissenschaften und ihre Nachfolge

Die nach dem Ende des Zweiten Weltkriegs entstehende Konfrontation zwischen den beiden großen Machtblöcken hatte auch Konsequenzen für die Wissenschaftslandschaft in Berlin. Im Westen der Stadt wurde eine neue, die Freie Universität gegründet, die im Dezember 1948 ihre Arbeit aufnahm, und im Osten entstand auf der Grundlage der Preußischen Akademie der Wissenschaften die Deutsche Akademie der Wissenschaften, später Akademie der Wissenschaften der DDR. Hier wurden seit 1947 in einem Institut für Orientforschung alle orientalistischen Einzeldisziplinen konzentriert, wobei die Bereiche der Altorientalistik oder Ägyptologie ebenso einbezogen wurden wie die gegenwartsbezogenen Fächer. Richard Hartmann war dabei die treibende Kraft und der spiritus rector dieser Entwicklung. Dieses Institut wurde im Zuge der Akademiereform Ende der sechziger Jahre aufgelöst. Die mit dem Nahen Osten befaßten Wissenschaftler wurden nach einem längeren, offenbar qualvollen Prozeß dem Zentralinstitut für Geschichte bzw. dem Institut für Allgemeine Geschichte zugeordnet, wo später eine Abteilung für Entwicklungsländerforschung unter der Leitung von Martin Robbe eingerichtet wurde, dem Gerhard Höpp nachfolgte. Die politischen Veränderungen von 1989 hatten auch Konsequenzen für die islamwissenschaftlichen Forschungen an der Akademie. Ein Teil der Wissenschaftler wurde im Forschungsschwerpunkt Moderner Orient weiterbeschäftigt, der von der durch die Max-Planck-Gesellschaft eingerichtete Förderungsgesellschaft Wissenschaftliche Neuvorhaben getragen wurde. Nach langwierigen Auseinandersetzungen zwischen verschiedenen Trägern und Organisationen der Wissenschaftsförderung wurde der Schwerpunkt, der zunächst von Fritz Steppat, dann von Peter Heine kommissarisch geleitet wurde, 1996 in das Geisteswissenschaftliche Zentrum Moderner Orient überführt.

Die Freie Universität

Mit Walther Braune wurde an der Freien Universität ein Wissenschaftler auf die dort eingerichtete Professur für Islamwissenschaften berufen, der sich bei aller philologischen Qualität doch einer deutlich kultur- und religionswissenschaftlichen Ausrichtung seines Fachs verpflichtet fühlte. Während manche westdeutschen Islamwissenschaftler sich nach dem Krieg auf philologische Themen konzentrierten und man manchmal den Eindruck hatte, daß sie sich ihrer älteren aktualitätsbezogenen Arbeiten kaum noch erinnerten, beschäftigte sich Braune weiterhin mit dem Islam in seinen zahlreichen modernen Erscheinungsformen und wirkte vor allem als akademischer Lehrer. Nachfolger von Braune wurde Fritz Steppat, der sich konsequent der Erforschung gegenwärtiger religions- und geistesgeschichtlicher islamischer Phänomene widmete. Unter seiner Ägide wurde die Freie Universität in den sechziger und siebziger Jahren ein Zentrum gegenwartsbezogener islamwissenschaftlicher Forschung für den westlichen Teil Deutschlands. Dabei gelang es ihm durch diplomatisches Geschick und den sicheren Blick für das hochschul- wie allgemeinpolitisch Machbare, weitere nahost- und islambezogene Lehr- und Forschungseinrichtungen an der Universität zu etablieren. Zu nennen sind hier vor allem die Seminare für Iranistik, Semitistik und Arabistik sowie Turkologie; vor allem aber konnte er die Stiftung Volkswagenwerk dazu bewegen, die Einrichtung von Professuren für Politik und Wirtschaft des Vorderen Orients zu fördern, die sich in der Folge zu wichtigen Zentren der gegenwartsbezogenen Orientforschung entwickelten. Diese wurden innerhalb der entsprechenden Fachdisziplinen eingerichtet. Man kann das Jahr 1980 als den Ausgangstermin für diese Entwicklung betrachten. So richteten Friedemann Büttner in diesem Jahr eine Arbeitsstelle für die Politik des Modernen Vorderen Orients am Otto-Suhr-Institut und Dieter Weiss ein Lehr- und Forschungsgebiet für die Wirtschaft islamischer Staaten, vor allem des nahen und mittleren Ostens, im Institut für Weltwirtschaft ein. Im Bereich der Geographie wurde gleichzeitig durch die Berufung von Fred Scholz an die Universität dieser Regionalbereich weiter verstärkt. Dadurch war auch die personelle Grundlage eines „Interdisziplinären Schwerpunktes Moderner Orient" in Berlin gegeben. Somit war die Freie Universität der wichtigste Ort für die Erforschung des modernen Vorderen Orients im westdeutschen akademischen Kontext.

Weitere verwendete Literatur

Friedemann Büttner/Thomas Scheffler/Gerhard Weihe, Die Entdeckung des Nahen Ostens durch die deutsche Politikwissenschaft. In: Franz Nuscheler (Hg.), Dritte-Welt-Forschung. Entwicklungstheorie und Entwicklungspolitik, Opladen 1985, S. 216-235.

Ekkehard Ellinger, Deutschsprachige Orientalistik zur Zeit des Nationalsozialismus 1933-1945. Magister-Arbeit, Freie Universität Berlin 1998.

Ulrich Haarmann, Die islamische Moderne bei den deutschen Orientalisten. In: Zeitschrift für Kulturaustausch 24 (1974), S. 5-18.

Ludmilla Hanisch, Akzentverschiebung - Zur Geschichte der Semitistik und Islamwissenschaft während des „Dritten Reichs". In: Berichte zur Wissenschaftsgeschichte 18 (1995), S. 217-226.

Baber Johansen, Politics and Scholarship: The Development of Islamic Studies in the Federal Republic of Germany. In: Tareq Y. Ismael (Hg.), Middle East Studies. International Perspectives on the State of Art, New York 1990, S. 71-130.

Hans Dieter Kubitscheck, Das Südostasien-Institut an der Humboldt-Universität zu Berlin, Berlin 1996.

Walter Mohrmann, Geschichte der Humboldt-Universität zu Berlin von 1945 bis zur Gegenwart - Ein Überblick, Berlin 1980.

Hiltrud Rüstau, Von der Indologie zur Südasienwissenschaft: Die Entwicklung der Indienstudien an der Humboldt-Universität zu Berlin (1950-1990). Ein Bericht aus persönlichem Erleben. In: Joachim Heidrich (Hg.), DDR – Indien: Partner auf Zeit. Erfahrungen und Einsichten, Münster 1998, S. 142-171.

Eberhard Serauky, Zur Entwicklung der Arabistik am Seminar für Orientalische Sprachen. In: Beiträge zur Geschichte der Humboldt-Universität zu Berlin, Berlin (1990) 25.

Eugen Wirth, Orientalistik und Orientforschung. Aufgaben und Probleme aus der Sicht der Nachbarwissenschaften. In: ZDMG, Supplement 3 (1977), S. LV-LXXXII.

ANMERKUNGEN

1   Zur Geschichte der europäischen Islamwissenschaft immer noch beeindruckend ist Johann Fück, Die arabischen Studien in Europa, Leipzig 1955, für die Frühzeit vor allem S. 25-53, 73-79, 90-94.

2   So nennt der Münsteraner Islamwissenschaftler Hubert Grimme sein Fach „ancilla theologiae"; vgl. Peter Heine, Geschichte der Arabistik und Islamwissenschaft in Münster, Wiesbaden 1974, S. 12. Zwei typische Beispiele für christliche Theologen, die Forschungen unter Beduinen treiben, sind der Schotte William Robertson Smith (vgl. Fück, a.a.O., S. 210f.) und der Tscheche Alois Musil (vgl. Karl Johannes Bauer, Alois Musil. Wahrheitsucher in der Wüste, Wien 1989)

3   Hugo von Hofmannsthal, Einleitung zu dem Buche genannt die Erzählungen der Tausendein Nächte. In: Die Erzählungen aus den Tausendein Nächten, übertragen von Enno Littmann. Bd. 1, Wiesbaden 1953, S. 9.

4   Zur Geschichte der Sammlung vgl. Heinz und Sophia Grotzfeld, Die Erzählungen aus 1001 Nächten, Wiesbaden 1984.

5   Zur Geschichte der orientalisierenden Literatur in Europa vgl. Cedric C. Barfoot/Theo D'haen (Hg.), Oriental Prospects. Western Literature and the Lure of the East, Amsterdam 1998.

6   Vgl. dazu Norman Daniel, The Arabs and Medieval Europe, London 1979; Hartmut Bobzin, Der Koran im Zeitalter der Reformation, Stuttgart 1995; Ludwig Hagemann, Christentum contra Islam. Die Geschichte gescheiterter Beziehungen, Darmstadt 1999.

7   Fück, a.a.O., S. 157.

8   Ebenda, S. 322.

9   Ebenda, S. 178

10   Annemarie Schimmel, Friedrich Rückert, Freiburg 1987.

11   Heribert Horst, Zur Textgeschichte des „Barbier von Baghdad". In: Peter Cornelius als Komponist, Dichter, Kritiker und Essayist, Regensburg 1977, S. 121-128.

12   Personalakte Sachau. In: Universitätsarchiv der Humboldt-Universität (UArchHUB). Siehe auch Fück, a.a.O., S. 234f.

13   Eine etwas abweichende Darstellung bei Joseph van Ess, From Wellhausen to Becker. The Emergence of *Kulturgeschichte* in Islamic Studies. In: Malcolm H. Kerr (Hg.), Islamic Studies. A Tradition and its Problems, Malibu 1980, S. 28, Anm. 7; zu Becker vgl. Erich Wende, C. H. Becker. Mensch und Politiker, Stuttgart 1959.

14   Über Mittwoch vgl. Peter Heine, Wiederentdeckte Gemeinsamkeiten. In: Orientalistische

Literaturzeitung 95 (2000) 4/5, Sp. 371-374; biographische Daten sind zusammengestellt bei Ernst G. Lowenthal, Juden in Preußen, Berlin 1982, S. 160.

15 Vgl. die Personalakte Schaeder. In: UArchHUB; s.a. Omeljan Pritsak, Hans-Heinrich Schaeder. In: Zeitschrift der Deutschen Morgenländischen Gesellschaft (ZDMG) 108 (1958), S. 21-40.

16 Hans Robert Roemer, Richard Hartmann in memoriam. In: ZDMG 117 (1967), S. 1-10.

17 Vossische Zeitung, 27.10.1887, S. 5.

18 Wolfgang Morgenroth, Das Seminar für Orientalische Sprachen in der Wissenschaftstradition der Asien- und Afrikawissenschaften. In: asien, afrika, lateinamerika 16 (1988), S. 706 -720.

19 Vgl. Denkschrift über die Reform des Seminars für Orientalische Sprachen in Berlin, Drucksache des Preußischen Landtags Nr. 5313, 1. Wahlperiode, 1. Tagung 1921/23; Georg Kampffmeyer, Orientalisches Seminar und Universität. In: Berliner Hochschulnachrichten, April 1926. S. 1-3; ders., Die Reform des Seminars für Orientalische Sprachen. Berichte und Dokumente, II (1924), III (1925), IV (1928); Otto Franke, Das Seminar für Orientalische Sprachen in Berlin und seine geplante Umformung, Berlin 1924.

20 Johannes Benzing, Gotthard Jäschke. In: Der Islam 62 (1985), S. 1f.; Berthold Spuler, Gotthard Jäschke. In: Die Welt des Islams 15 (1974), S. 1-4.

21 Habilitations-Akte der Philosophischen Fakultät. In: UArchHUB, Littr. H. No 1, Vol. 17, Bl. 277-289.

22 Personalakte Walter Björkman. In: UArchHUB; s. a. Erich Siebert, Entstehung und Struktur der Auslandswissenschaftlichen Fakultät an der Universität Berlin (1939-1945). In: Wissenschaftliche Zeitschrift der Humboldt-Universität zu Berlin, Gesellschafts- u. Sprachwissenschaftl. Reihe 15 (1966) 1, S. 19-34.

23 Ludmilla Hanisch, Islamkunde und Islamwissenschaft im Deutschen Kaiserreich. Der Briefwechsel zwischen Carl Heinrich Becker und Martin Hartmann (1900-1918), Leiden 1992.

24 Über ihn vgl. Gerhard Höpp, Orientalist mit Konsequenz: Georg Kampffmeyer und die Muslime. In: Rainer Flasche/Fritz Heinrich/Carsten Koch (Hg.), Religionswissenschaft in Konsequenz. Beiträge im Anschluß an Impulse von Kurt Rudoph, Hamburg 2000, S. 37-47.

25 Vgl. Amtsgericht Charlottenburg, Deutsche Gesellschaft für Islamkunde, 95 VR 2103, Bl. 144.

26 UArchHUB, Akte Orientalisches Institut (Institutsakten Nr. 39).

27 Kai Hafez, Orientwissenschaft in der DDR. Zwischen Dogma und Anpassung, 1969-1989, Hamburg 1995; Kai Hafez/Gerhard Höpp, Gegenwartsbezogene Orientwissenschaft in der DDR und in den neuen Bundesländern: Kontinuität oder Neubeginn? In: Wolf-Hagen Krauth/Ralf Wolz (Hg.), Wissenschaft und Wiedervereinigung. Asien- und Afrikawissenschaften im Umbruch, Berlin 1998, S. 95-163.

Berlin für Orientalisten heute

Zusammengestellt von
RALPH KÜHN und NORBERT MATTES

1. INSTITUTIONEN DER FORSCHUNG UND LEHRE

1.1 Universitäre Einrichtungen

Freie Universität

Arbeitsstelle Politik des Vorderen Orients

Otto-Suhr-Institut für Politikwissenschaft
Fachbereich Politik- und Sozialwissenschaften

Ihnestr. 31
D-14195 Berlin
Telefon: 83856640
Fax: 83856637
E-Mail: polvoro@zedat.fu-berlin.de
Internet: http://www.fu-berlin.de/polmideast

Sekretariat
N.N.

Leiter
Prof. Dr. Friedemann Büttner
Arbeitsschwerpunkte: Staat und Entwicklung in ausgewählten Staaten der Region; Militärherrschaft; Nahostkonflikt; Nahostpolitik der Bundesrepublik Deutschland und Euro-Arabische Beziehungen; Religion und Politik, insbesondere fundamentalistische Bewegungen im Vergleich; politischer Islam. Regionaler Schwerpunkt: Ägypten und der ostarabische Raum, Israel, Türkei.

Arbeitsschwerpunkte der Arbeitsstelle
Politik und Zeitgeschichte des Vorderen Orients; Politische und gesellschaftliche Entwicklungen in den Ländern der Region; Rolle des Staates im Entwicklungsprozeß, Probleme der Demokratisierung und Zivilgesellschaft sowie Transformationsprozesse; Ethnisch-religiöse Konflikte; Religion und Politik; Probleme der regionalen und internationalen Politik; Nahostkonflikt und Folgen der Golfkriege.

Länderschwerpunkte: Ostarabische Staaten (einschließlich Ägypten), Türkei, Iran und Israel; Einzelvorhaben beziehen jedoch auch andere islamisch geprägte Staaten von Marokko bis Indonesien ein.

Mitarbeiter und ihre Arbeitsschwerpunkte

Amr Hamzawy, M.A.: Stellung der Religion und Säkularisierungsprozesse in modernen arabischen Gesellschaften; Zivilgesellschaft und Transformationsprozesse im Nahen Osten; islamistische Bewegungen; politische Opposition; Strukturen und Konflikte im nahöstlichen regionalen System

Isabel Schäfer, Dipl.-Pol.: Mittelmeerpolitik der Europäischen Union, Euromediterrane Partnerschaft, insbesondere deren kulturelle Dimension, europäische Nahostpolitik; Kultur und Politik, auswärtige Kulturpolitik, euro-arabischer Kulturdialog

Privatdozent

Prof. Dr. Ferhad Ibrahim: Regionale Beziehungen und regionale Konflikte im Nahen Osten; Staat und Gesellschaft im Nahen Osten: Entwicklung der politischen Systeme, insbesondere der Parteienstruktur, ethnische und konfessionelle Konflikte

Forschungsvorhaben

Amr Hamzawy: Internationales Forschungsprogramm zum politischen Islam (im Auftrag des International Institute for the Study of Islam in the Modern World (ISIM), Leiden, und in Kooperation mit der Universität Amsterdam)

Habilitationen

Dr. Gülistan Gürbey: Außenpolitische Entscheidungsprozesse in der Türkei während der Regierungsperiode der „Partei des Mutterlandes" (1983-1991)

Dr. Thomas Scheffler: Religion und Gewalt

Dissertationen

Die Begriffe Religion und Säkularisierung in zeitgenössischen arabischen Kontroversen

Möglichkeiten und Grenzen einer europäischen auswärtigen Kulturpolitik - am Beispiel der euro-mediterranen kulturellen Partnerschaft.

Zur Bedeutung von Erinnerungskultur und Geschichtsbildern am Beispiel des israelisch-palästinensischen Konfliktes

Die EU und die Wasserfrage im Nahen Osten

The Women's Movement in Jordan

Die Nahostpolitik der SED-Führung vom Grundlagenvertrag bis zur Wende (1972-1989)

Ölpolitik in Aserbaidschan seit 1991

Binnenmigration und Binnenflucht während des Bürgerkriegs im Libanon

Zur Dekonstruktion des Begriffsfeldes „Islam und Staat"

Hasan al-Banna und der Aufstieg der Muslimbruderschaft als soziale Bewegung in Ägypten

Das soziale und politische Denken Sayed Qutbs

Die Tradition als Ressource: der Fall der Aleviten

Ideologische und pragmatische Elemente in der Außenpolitik der islamischen Republik Iran am Beispiel der Beziehungen zu den USA und Großbritannien

Aktivistinnen in den islamischen Bewegungen und ihr Verhältnis zu einer Zivilgesellschaft in Ägypten

Die Funktionalisierung des Islam im irakisch-iranischen Krieg

Die Schutzzone für die Kurden im Norden des Irak

Die stagnierende Demokratisierung. Demokratie im Spannungsfeld der Globalisierung: das Beispiel der Türkei

Der Wandel der politischen Rolle der Schiiten im Libanon seit dem Ausbruch des Bürgerkrieges

Das Kurdenproblem im Irak nach dem zweiten Golfkrieg

Starker Staat versus liberale Demokratie: Politischer und wirtschaftlicher Liberalismus in der Türkei

Archiv und Dokumentation (Zugang nur nach Vereinbarung)

Die Arbeitsstelle bezieht mehrere regionale Zeitungen in arabischer und englischer Sprache und hat größere ältere Bestände, darunter die Zeitungen der ägyptischen Oppositionsparteien und mehrere iranische Tageszeitungen. Weiter hat die Arbeitsstelle ein Palästina-Archiv (Nachlaß Friedhelm Ernst) sowie eine Sammlung der Zeitschriften der palästinensischen Exilorganisationen.

Die Benutzung der Bestände ist allerdings zeitlich beschränkt, weil der Arbeitsstelle keine Arbeitskraft für Archiv und Dokumentation zur Verfügung steht. Die Mitarbeiter und Mitarbeiterinnen der Arbeitsstelle unterstützen die Bibliothek beim Erwerb von regionalspezifischer Literatur.

Bibliothek

Die Buch- und Zeitschriftenbestände der Arbeitsstelle Politik des Vorderen Orients sowie des Fachgebiets Volkswirtschaft des Vorderen Orients sind in die Bibliothek des Otto-Suhr-Instituts für Politikwissenschaft, Ihnestraße 21, integriert.

Öffnungszeiten der Kataloge, der Leihstelle und des Monographien-Lesesaals: Mo.-Do.: 9.30-19.00 Uhr; Fr.: 9.30-18.00 Uhr

Wissenschaftliche Reihen der Arbeitsstelle

Politik, Wirtschaft und Gesellschaft des Vorderen Orients. Schriftenreihe des Deutschen Orient-Instituts, Hamburg, und der Arbeitsstelle Politik des Vorderen Orients, Freie Universität Berlin

Nahost-Studien (Hans Schiler, Berlin)

Konfrontation und Kooperation im Vorderen Orient (LIT-Verlag, Münster/Hamburg).

Institut für Ethnologie
Fachbereich Politik- und Sozialwissenschaften

Regionalbereich Afrika

Drosselweg 1-3
14195 Berlin

Sekretariat
Karin Brandmüller und Carol Otto
Telefon: 83856725
Fax: 83856728
E-Mail: simsek@zedat.fu-berlin.de

Leiter
Prof. Dr. Georg Elwert
Arbeitsschwerpunkte: Entwicklungssoziologie, politische Anthropologie, Wirtschaftsethnologie, ethnische Konflikte und Konfliktschlichtung (Kurden, Westafrika, Uzbekistan)

Prof. Dr. Ute Luig
Arbeitsschwerpunkte: Zentral-, Ost- und Südafrika, Gender Studies, Religion und Frauenforschung

Mitarbeiterinnen und Mitarbeiter und ihre Arbeitsschwerpunkte
Dr. Dorothea Schulz (finanziert aus Frauenfördermitteln): Gender und Frauenforschung, Islam in Afrika, neue Medien, popular culture

Dr. Ayşe Çağlar: Transnational Turkish Communities

Urte Undine Frömming, M.A.: Wissenschaftstheorie, Naturaneignung (Forschungsarbeit über Vulkane), visuelle Anthropologie

Jochen Seebode, M.A.: Religionsethnologie, Ethnologie der Jugend

Dr. Jan-Patrick Heiß: Literaturethnologie, Ethnolinguistik, Ethnologie der Arbeit, Regional: Niger und Nigeria

Thomas Hüsken, M.A.: Anthropologie der Entwicklungszusammenarbeit, Politik und Wirtschaft im Vorderen Orient, Anthropologie der Moderne

Forschungsschwerpunkte und Projekte
Herausforderung durch das Fremde (Interdisziplinäres Forschungsprojekt der Berlin-Brandenburgischen Akademie der Wissenschaften)

Alphabetisierung und Verschriftlichung

Bedeutung von Bodenrecht und Bodenneuordnung in Entwicklungsländern

Entstehung des öffentlichen Raums: Türkische Diaspora in Berlin

Schlichtung von Landkonflikten

Performance, Raum und populäre Kultur: Studien zu einer Anthropologie der Öffentlichkeit in Süd-Zentralafrika

Traditionelle Herrscher, neue Eliten und der Staat in einer Bauerngesellschaft: Zur Auseinandersetzung um Macht und Einfluß bei den Baatombu im Nordosten Benins

Frauenrechtsorganisation in Südafrika

Habilitationen

Dr. Dorothea Schulz: Frauen, elektronische Medien, muslimische Gesellschaft in Mali

Dr. Ayşe Çağlar: Öffentlichkeit und Konsum als Vergesellschaftungsprozeß (Türkei)

Dr. Shalini Randeria: Gender in India

Dr. Erdmute Alber: Adoption bei den Baatombu (Benin)

Dr. Anja Peleikis: Libanesische Diaspora

Dissertationen

Konfliktschlichtung: Bosnische Muslime und Kroaten

Flüchtlingslager in Kakuma, Kenia

Ethnizität in Albanien

Machtstrukturen und Rechtsnormen bei den Baatombu

Fotografische und piktographische Zeugnisse der Dogon/Mali

Gewalt gegen Frauen in einer patrilinearen Hirtengesellschaft. Saburu/Kenia

Zivilistinnen und Kämpferinnen in Eritrea während der Kriegs- und Nachkriegszeit

Diskurse über Natur und Landschaft in zwei indischen Fischerkulturen

Waldnutzung in Äthiopien

Wissenschaftliche Reihe/Publikationen

Sozialanthropologische Arbeitspapiere (Klaus Schwarz, Berlin)

Bibliothek (s. Bibliotheken)

Regionalbereich Asien

Drosselweg 1-3
14195 Berlin

Sekretariat

Bärbel Schiller
Telefon: 83856505
Fax: 83852382
E-Mail: ethnolas@zedat.fu-berlin.de
Internet: www.fu-berlin.de/ethnologie

Leiter

Prof. Dr. Georg Pfeffer

Arbeitsschwerpunkte: Herrschafts- Verwandschafts- und Religionsethnologie
Regionale Schwerpunkte: Südasien (speziell Stammesgesellschaften und Regional-
forschung in Orissa, Punjab und Sindh)

Arbeitsschwerpunkte des Regionalbereiches

Diskriminierte Minoritäten, Gender, Verwandtschafts- und Heiratssysteme, Industrie in traditionellen Gesellschaften, Kastensystem, Kulturelles Gedächtnis, Medi-
zinethnologie, Nahrung, Ritual, Religion, Stammesgesellschaften, Tod und Sterben,
Transformation von Stammes- und Bauerngesellschaften

Regionale Schwerpunkte: Südasien und Südostasien

Mitarbeiterinnen und Mitarbeiter und ihre Arbeitsschwerpunkte

Dr. Anjum Alvi (Lehrkraft für besondere Aufgaben, Tel. 83856870, E-Mail:
alvi@zedat.fu-berlin.de): Verwandschaft, Debatte über Gaben und Waren, Gender,
Symboltheorie; Südasien, besonders Pakistan

PD Dr. Helene Basu (Tel. 83853312, E-Mail: basu@zedat.fu-berlin.de):
Verwandschaft, Religion (Islam, Hinduismus, afrikanische Relgionen), Geschichte
(einschl. Gedächtnis, Erinnerung), Gender, Emotion, nicht-westliche Literaturen,
Fachgeschichte Ethnologie; Südasien (Indien: Gujarat einschließlich Kacch, Sau-
rashtra, Rajasthan, Karnataka, Andhra Pradesh), Ostafrika (Indischer Ozean), Afro-
Amerika

Peter Berger, M.A. (Tel. 83856505, E-Mail peberg@gmx.de): Religionsethnologie,
speziell Ritual, allgemeine Theorie; Südasien, Südostasien

Forschungsprojekte

Umstrittene Zentren: Konstruktion und Wandel soziokultureller Identitäten in der
indischen Region Orissa (Forschungsvorhaben innerhalb des Großprojekts „Entle-
gene Gebiete: Gesellschaftsentwürfe und interethnische Beziehungen im Korput-
Distrikt, der regionalen und sozialen Peripherie Orissas" gemeinsam mit dem Institut für Geschichte Asiens in Kiel und des Institut für Indologie in Tübingen bis
2005)

Der kulinarische Code des ehemaligen Fürstentums Mandi, Himachal Pradesh

Habilitationen

Dr. Lukas Werth: Gelebter Sufismus: Die Struktur der Heiligen in Pakistan

Dr. Ingrid Schindelbeck: Lebensentwürfe von Frauen in Aserbaidschan zwischen
sowjetischer Ideologie und islamischer Tradition

Dissertationen

Gabentausch im Punjab

Pakistanis in Großbritannien

Askese und Antibrahmanismus: Vergleichende Untersuchung einer religiösen Reformbewegung

Funktion von Festen zur Aufrechterhaltung ethnischer Identität. Die Nahalia in West-Zentralindien

Wissenschaftliche Reihen:
Indus (Hans Schiler, Berlin)

Bibliothek (s. Bibliotheken)

Institut für Iranistik
Fachbereich Geschichts- und Kulturwissenschaften

Reichensteiner Weg 12-14
14195 Berlin

Sekretariat
Sigrid Koschel
Telefon: 83853578
Fax: 83856493
E-Mail: iranist@zedat.fu-berlin.de
Internet: http://www.fu-berlin.de/iranistik

Leiterin
Prof. Dr. Maria Macuch
Tel. 83853579

Arbeitsschwerpunkte des Instituts
Sprachen, Literaturen, Geschichte, Religionen und Kunstgeschichte des iranischsprachigen Kulturraumes

Forschungsprojekte
Berliner Pahlavi-Texte
Die juristische Terminologie der Pahlavi-Texte
Frauen in der sasanidischen Jurisprudenz
Zoroastrische Sexualität und Homosexualität
Frauenbilder, Sexualität und Geschlecherverhältnisse in der modernen persischen Literatur
Sorani-Deutsches Wörterbuch

Mitarbeiterinnen und Mitarbeiter

Prof. Dr. Werner Sundermann (Honorarprofessor, E-Mail: sundermann@zedat.fu-berlin.de)

Dr. Iris Colditz (Tel.: 83853575, E-Mail: icolditz@zedat.fu-berlin.de)

Maryam Mameghanian-Prenzlow (Tel.: 83853575, E-Mail: mameghan@zedat@fu-berlin.de)

Dr. Michael Pohly (Tel.: 83853573, E-Mail: pohly@zedat.fu-berlin.de)

Feryad Fazil Omar (Tel.: 83853573, E-Mail: ffomar@zedat.fu-berlin.de)

Farifteh Tavakoli (Tel.: 83853573, E-Mail: sonne13@zedat.fu-berlin.de)

Wissenschaftliche Reihe: IRANICA (Harrassowitz, Wiesbaden)

Bibliothek (s. Bibliotheken)

Institut für Islamwissenschaft
Fachbereich Geschichts- und Kulturwissenschaften

Altensteinstr. 40
14195 Berlin

Sekretariat
Angela Ballaschk
Telefon: 83852487
Fax: 83852830
E-Mail: islamwi@zedat.fu-berlin.de
Internet: http://userpage.fu-berlin.de/~islamwi/

Leiterin
Prof. Dr. Gudrun Krämer
E-Mail: gkraemer@zedat.fu-berlin.de
Arbeitsschwerpunkt: Moderne Geschichte und Politik der arabischen Welt, islamische politische Theorien, islamische Bewegungen, Minderheiten im Islam

Arbeitsschwerpunkte des Instituts
Gesellschaftliche, politische und kulturelle Transformationen in den arabischen Gesellschaften seit dem ausgehenden 18. Jahrhundert; Soziale, religiös-rechtliche und kulturelle Strukturen und Entwicklungen in den muslimischen Gesellschaften bis zum 18. Jahrhundert; Normative Quellen und Traditionen muslimischer Gesellschaften

Professorin

Prof. Dr. Sabine Schmidtke
Telefon: 83851432
E-Mail: sabschm@aol.com
Arbeitsschwerpunkte: Islamische Theologie und Philosophie; islamische Geistesgeschichte

Mitarbeiterinnen und Mitarbeiter

Dr. Stephan Rosiny (Tel. 83851437, E-Mail: rosiny@zedat.fu-berlin.de): Zeitgenössischer schiitischer Islam; Internationale Beziehungen und Politik im Nahen Osten; Friedens- und Konfliktforschung, Moderne und Islam, Neue Medien (Internet); Schiitisch-islamistische Netzwerke
N.N.
Dr. Wolf-Dietrich Fromm (Lektor) (Telefon: 83852828, E-Mail: frommiw@zedat.fu-berlin.de)
Hayrettin Seyhan (Lektor) (Telefon: 83852487, E-Mail: seyhan@zedat.fu-berlin.de)

Habilitationen

Dr. Annabelle Böttcher: Islamische regionale und globale Netzwerke

Dr. Julia Gonnella: Die Entwicklung der aiyubidischen und mamlukischen Festungsarchitektur

Dr. Bettina Dennerlein: Religionsgelehrsamkeit und die legitime Ordnung der Gesellschaft. Zur Rolle der ʿUlamā im Marokko des 19. Jahrhunderts

Dr. Stephan Rosiny: Konstruktion und Wandel religiöser Autorität im zwölferschiitischen Islam unter den Bedingungen der Moderne

Dissertationen

Islamische Rechtsgutachten und elektronische Medien: Veränderungen im rechtlich-religiösen Diskurs entlang der Aktivitäten des Gelehrten Yūsuf ʿAbdallāh al-Qaraḍāwī

Islamischer Religionsunterricht in Berlin

Muslim Intellectuals in Contemporary Indonesia

Nationalism, War, and Gender. State-Society Relations in Iraq in the 1980s

Qu'est-ce que réformer? L'intérêt général entre jurisprudence et philosophie ou l'enjeu de la modernité chez R. Rida

Sozialgeschichte der Handwerker und Gewerbetreibenden von Kayseri im 19. Jahrhundert

The Egyptian Rule in Palestine between 1831 and 1840

Translokalität über die Grüne Linie: Die Palästinenser in Israel zwischen israelischer Staatsbürgerschaft und translokaler palästinensischer Vergesellschaftung

Zivilgesellschaft und Repräsentation ethnisch-religiöser Interessen am Beispiel der Koptisch-Orthodoxen Gemeinschaft im Ägypten der 1990 Jahre

Wissenschaftliche Reihen
Berliner Islam-Studien (Franz Steiner, Wiesbaden)
Kultur, Recht und Politik in muslimischen Gesellschaften (Mithg., Ergon, Würzburg)

Bibliothek (s. Bibliotheken)

Institut für Judaistik
Fachbereich Geschichts- und Kulturwissenschaften

Haus 1 (Prof. Peter Schäfer, Prof. Giulio Busi)
Schwendener Straße 27
14195 Berlin

Sekretariat
Sigrit von Elert
Telefon: 8385 2002
Fax: 83852146
E-Mail: elert@zedat.fu-berlin.de
Internet: http://www.userpage.fu-berlin.de/~jewstud/

Haus 2 (Prof. Joseph Dan)
Fabeckstr. 37
14195 Berlin

Sekretariat
Johanna Hoornweg
Telefon: 83852705
E-Mail: hoornwe@zedat.fu-berlin,de
Internet: s.o.

Geschäftsführender Direktor
Prof. Dr. Peter Schäfer
Arbeitsschwerpunkte: Antikes Judentum, Jüdische Mystik, Moderne Jüdische Geistesgeschichte, Jüdische Geschichte

Arbeitsschwerpunkte des Instituts

Synopse zum Talmud Yerushalmi; Der Talmud Yerushalmi in seiner griech.-röm. Umwelt; Der babylonische Talmud - eine Typologie aller primärer Textzeugen; Frühe jüdische Mystik; Jüdische Magie der Spätantike; Die Lehre der deutschen Chassidim; Sefer ha-Bahir; Edition der Briefe und Tagebücher Theodor Herzls; Berliner Zionistenzirkel; Herausgabe einer Werkausgabe Martin Bubers

Mitarbeiterinnen und Mitarbeiter und ihre Arbeitsschwerpunkte

Prof. Dr. Giulio Busi: Judentum in der frühen Neuzeit, Schwerpunkt: jüdische Geschichte in Italien; Christliche Kabbala

Prof. Dr. Joseph Dan: Mittelalterliches Judentum, Jüdische Mystik in allen Epochen; Jüdische Ethik

Dr. Klaus Herrmann: Antikes Judentum und Reformjudentum in Deutschland

Reimund Leicht, M.A.: Judentum im arabischen Kulturkreis

Almuth Münch, M.A.: Lektorin für Ladino

Dr. Niko Oswald: Lektor für Hebräisch und Aramäisch

Dr. Barbara Schäfer-Siems (siehe Zionismusforschung)

Martina Urban, M.A.: Moderne jüdische Literatur (Mitarbeit an der Martin Buber Werkausgabe)

Dr. Irina Wandrey: Moderne hebräische Literatur

Arbeitsstelle Zionismusforschung

Leiterin
Dr. Barbara Schäfer-Siems
Telefon: 83853774
Fax: 83852146
E-Mail: siems@zedat.fu-berlin.de

Arbeitsschwerpunkte
Geschichte des Zionismus bis zur Entstehung des Staates Israel; Geschichtsschreibung in Israel heute

Forschungsprojekte
Zionistenzirkel in Berlin

Wissenschaftliche Reihe
Jewish Studies Quarterly (Mohr, Tübingen)

Bibliothek
Thomas Streffing-Hellhake
Telefon: 83852146
E-Mail: streffin@zedat.fu-berlin.de

Öffnungszeiten:
Mo.-Do.: 9.00-17.00 Uhr
Fr.: 9.00-15.00 Uhr

Institut für Turkologie
Fachbereich Geschichts- und Kulturwissenschaften

Schwendener Str. 33
14195 Berlin

Sekretariat
Liane Wolf
Telefon: 83853955
Fax: 83853823
E-Mail: turkinst@zedat.fu-berlin.de

Leiterin
Prof. Dr. Barbara Kellner-Heinkele
Tel.: 83853822
E-Mail: heinkele@zedat.fu-berlin.de
Arbeitsschwerpunkte: Kulturgeschichte der peripheren Provinzen des Osmanischen
Reiches; Geschichte der Krimtataren; Türkmenen im Vorderen Orient; turkologi-
sche Bibliographie

Arbeitsschwerpunkte des Instituts
Osmanisches Reich, Republik Türkei, Geschichte des Schwarzmeergebietes,
Literatur Zentralasiens, sibirische Turksprachen

Mitarbeiterinnen und Mitarbeiter und ihre Arbeitsschwerpunkte
Honorarprofessor Dr. Peter Zieme: Alttürkische Sprache und Literatur, vorislami-
sche Religionen der Uiguren, Allgemeine Turkologie
PD Dr. Claus Schönig: Sibirische Türksprachen, Tschagataisch; Vergleichende
Turkologie; Spezielle Fragen der internen Segmentierung und Klassifikation; satz-
übergreifende formale Strukturen in türkischen Texten
Dr. Sigrid Kleinmichel: Mittelasiatische Literaturen, Usbekische Sprache
Margarete I. Ersen-Rasch, M.A.: Didaktik und Grammatik des Türkeitürkischen;
Grammatik des Aserbaidschanischen, Baschkirischen, Kazantatarischen
Ayşe Tetik: Türkische Sprachreform, Türkische Grammatik, Kazantatarisch

Habilitation
Dr. Michael Heß, M.A.: Das poetische Werk des Nesimi – sprachliche Textanalyse

Dissertationen

Themen aus folgenden Schwerpunkten:

Kulturelle, religiöse und Sozialgeschichte des Osmanischen Reiches (18. und 19. Jahrhundert), insbesondere arabische Provinzen

Zeitgenössische türkische Literatur

Minderheiten in der Türkei (20. Jh.)

Wolgatatarische Geschichte im 20. Jh.

Islam im postsowjetischen Aserbeidschan

Buddhismus im westuigurischen Königreich

Wortbildungsmorphologie des Tatarischen

Forschungsvorhaben

„Selbstzeugnis in transkultureller Perspektive". Interdisziplinäres Vorhaben von Wissenschaftlern des Fachbereichs Geschichts- und Kulturwissenschaften der FU in internationaler Vernetzung

Bibliothek (s. Bibliotheken)

Interdisziplinäres Zentrum „Bausteine zu einer Gesellschaftsgeschichte des Vorderen Orients"

c/o Institut für Islamwissenschaft
Altensteinstr. 40
14195 Berlin

Sprecherin: Prof. Dr. Gudrun Krämer
Koordinatorin: Katja Niethammer
Telefon: 838 51438
Fax: 838 52380
E-Mail: izorient@zedat.fu-berlin.de

Das Interdisziplinäre Zentrum, gegründet durch die Institute für Iranistik, Islamwissenschaft, Turkologie sowie das Seminar für Semitistik und Arabistik, beschäftigt sich mit der Geschichte der Region von der vorislamischen Zeit bis zur Gegenwart mit Schwerpunktbildung auf dem 18. bis 20. Jahrhundert. Dabei stehen vier Aspekte im Mittelpunkt:

- Kategorien sozialer Ordnung
- Rechtsnormen und soziale Verhältnisse
- Wissen und Wissensvermittlung
- Intellektuelle und Literaten als Akteure gesellschaftlichen Wandels

Ziel des Interdisziplinären Zentrums ist es, die Forschung zu Geschichte und Gesellschaft des islamisch geprägten Vorderen Orients stärker als bislang üblich an die allgemeinen Kultur- und Sozialwissenschaften anzubinden.

Angesichts der "kulturellen Wende", die unter Geschichts- und Sozialwissenschaftlern lebhaft diskutiert wird, gewinnt die Beschäftigung mit Gesellschaften an Bedeutung, in denen Kultur im Allgemeinen und Religion im Besonderen einen höheren Stellenwert besitzen als in den modernen europäischen Gesellschaften. Auch die unter dem Stichwort des "Kampfes der Kulturen" aktuell wieder aufgeflammte Debatte über das Verhältnis zwischen islamischem Orient und westlicher Welt zeigt überdeutlich, wie notwendig eine intensivere Beschäftigung mit Wirtschaft, Herrschaft und Kultur im Vorderen Orient ist.

Am Interdisziplinären Zentrum sind Fachvertreter der Disziplinen Arabistik, Iranistik, Islamwissenschaft, Semitistik und Turkologie beteiligt.

Seminar für Semitistik und Arabistik
Fachbereich Geschichts- und Kulturwissenschaften

Altensteinstr. 34
14195 Berlin
Fax: 83855544
E-Mail: semiarab@zedat.fu-berlin.de
Internet: http://www.fu-berlin.de/semiarab/

Fachrichtung Arabistik

Sekretariat
Manuela Kuhlen
Telefon: 83853567

Leiterin
Prof. Dr. Angelika Neuwirth
Arbeitsschwerpunkte: Koranforschung und -exegese; Moderne arabische Literatur (insbes. palästinensische und libanesische)

Arbeitsschwerpunkte des Bereichs
Koranforschung und -Exegese; Klassische arabische Dichtung und Prosa; Graeco-Arabica, naturwissenschaftliche Literatur, Philosophie; Moderne arabische Literatur (Schwerpunkte: Palästina/Israel und Libanon)

Mitarbeiterinnen und Mitarbeiter und ihre Arbeitsschwerpunkte

Prof. Dr. Renate Jacobi (Honorarprofessorin, Telefon: 83853662): Klassische arabische Literatur (vor- und frühislamische Dichtung; Biographik)

Prof. Dr. Miri Kubovy ((Honorarprofessor): Moderne israelische Literatur

Dr. Friederike Pannewick (pannewick@gmx.de): Moderne arabische Literatur, Kultur- und Geistesgeschichte des 20. Jahrhunderts, Theatralitätskonzeptionen seit 1848 (beurlaubt für das Projekt „Cultural Mobility" am Wissenschaftskolleg)

Andreas Pflitsch, M.A. (a.pflitsch@gmx.de): Moderne arabische Literatur; Zeitgeschichte des Libanon; Literatur der libanesischen Diaspora

Prof. Dr. Gotthard Strohmaier (Honorarprofessor): Graeco-Arabica; Naturwissenschaftliche Literatur, Philosophie

Mohammad Wannous, M.A. (Telefon: 83853569/ 83852698): Lektor

Barbara Winckler, M.A. (bwinckler@web.de): Moderne arabische Literatur (insbes. des Libanon und frankophone Literatur des Maghreb); Gender studies

Privatdozentin

PD Dr. Susanne Enderwitz
Klassische arabische schöne Literatur; Moderne arabische Literatur; Palästinensische Autobiographie

Dissertationen

Die Luzūmiyyāt von Abu'l-ʿAlā al-Maʿarrī

Die Lehrparabel (maṯal) bei al-Ḥakīm at-Tirmīḏī (st. 910) – Ein Beitrag zur Genese der sufischen Bildersprache

Eine andere Moderne? Die russische Option im Nahen Osten am Ende des 19. Jh.

Metaphern im Koran

Habilitationen

Dr. Friederike Pannewick: Todesmotive in der arabischen Literatur

Forschungsprojekte

Das Viertel Zukak al-Blat in Beirut – Geschichte, Struktur und Wandel eines zentrumsnahen Wohnquartiers (Leitung: Prof. Dr. Angelika Neuwirth; Betreuer: Prof. Dr. Hans Gebhardt, Prof. Dr.-Ing. Dorothée Sack; Mitarbeiter/innen: Ralph Bodenstein, Jens Hannssen, Bernhard Hillenkamp, Oliver Kögler, Anne Mollenhauer, Friederike Stolleis)

Wissenstradierung in arabischen Biographien des 13. Jahrhunderts – Computergestützte Analyse und Dokumentation der Lebenswege von Ibn Khallikan und seinen Zeitgenossen (Leitung: Prof. Dr. Renate Jacobi; Mitarbeiter: Gerhard Wedel)

Wissenschaftliche Reihen

Diskurse der Arabistik (Mithg., Harrassowitz, Wiesbaden)

Literaturen im Kontext. Arabisch – Persisch – Türkisch (Mithg., Reichert, Wiesbaden)

Ex Oriente Lux – Rezeptionen und Exegesen als Traditionskritik (Mithg., Ergon, Würzburg)

Fachrichtung Semitistik

Sekretariat
Birgit Simon
Telefon: 83852698

Leiter
Prof. Dr. Rainer Voigt
Arbeitsschwerpunkte: Vergleichende Semitistik; Semitische und kuschitische Sprachen Äthiopiens, Semitohamitistik, Phonologie und Morphologie semitischer Sprachen

Arbeitsschwerpunkte des Bereichs
Beschreibung semitischer Sprachen; Vergleichende Semitistik; Sprachen und Kulturen des christlichen Orients; Inschriftenkunde; Äthiopistik, Neuaramaistik

Mitarbeiterinnen und Mitarbeiter und ihre Arbeitsschwerpunkte
PD Dr. Josef Tropper (Telefon: 83852698)

Bogdan Burtea, M.A. (Telefon: 83852697): Äthiopistik

Dr. Helen Younansardaroud (Telefon: 83852697)
Neuaramaistik

Dissertationen
Psalm und Hymnus im Stundengebet der syrischen Kirchen

Äthiopische Zaubertexte

Klöster in Eritrea

Die Verbalstammbildung im Hebräischen und Arabischen

Transjordanische Personennamen in der eisenzeitlichen Periode

Edition mandäischer Handschriften

Bibliothek (s. Bibliotheken)

Seminar für Vergleichende Musikwissenschaft

Institut für Musikwissenschaft
Fachbereich Philosophie und Geisteswissenschaften

Grunewaldstr. 35
12165 Berlin

Sekretariat

Gisela Pieper
Telefon: 83853537
Fax: 83856370
E-Mail: gpieper@zedat.fu-berlin.de
Internet: http://www.fu-berlin.de/verglmus/

Arbeitsschwerpunkte des Seminars

Erforschung nicht-westlicher, vorwiegend oral tradierender Musikkulturen sowie westlicher Volksmusiktraditionen

Schallarchiv/Medienwart

Albrecht Wiedmann (Telefon: 83850374, wiedmann@zedat.fu-berlin.de)

Bibliothek

12 000 Bücher, 10 000 Tonträger, 190 Videos

Öffnungszeiten

Vorlesungszeit:
Mo.-Do.: 10.00-19.00 Uhr
Fr.: 10.00-15.00 Uhr

Vorlesungsfreie Zeit:
Mo.-Do.: 10.00-18.00 Uhr
Fr.: 10.00-14.00 Uhr

Osteuropa-Institut der FU Berlin

Garystr. 55
14195 Berlin
Internet: http://www.oei.fu-berlin.de

Arbeitsbereich Politik und Gesellschaft

Sekretariat
Natalja Eisenblätter

Telefon: 83854058/2088
Fax: 83853616
E-Mail: oeiabpol@zedat.fu-berlin.de

Leiter
Prof. Dr. Klaus Segbers
Telefon: 83854058/2088
Fax: 83853616
E-Mail: segbers@zedat.fu-berlin.de
Spezialgebiet: Transformationsprozesse in nachsowjetischen Räumen; Internationale Beziehungen

Mitarbeiterinnen und Mitarbeiter und ihre Arbeitsbereiche
Dr. Christoph Zürcher: Transformationsprozesse in Rußland und in den baltischen Staaten; Nordkaukasus
Dr. Susanne Nies: Transformationsprozesse im Baltikum; Lettland; Kaliningradproblematik und Rußland

Arbeitsbereich Recht und Wirtschaft

Leiter
Prof. Dr. Herwig Roggemann
Telefon: 83857110

Spezialgebiet: Deutsches, kroatisches, europäisches Recht und Rechtsvergleichung

Mitarbeiterinnen und Mitarbeiter und ihre Arbeitsbereiche
Dr. Frank Werner: Anthropologie; Regional- und Stadtplanung Osteuropas; Region Rußland, Ukraine, Mittelasien
Manuach Messengießer: Wirtschaft Rußlands und der kaukasischen Staaten
Dr. Arno Wohlgemuth: Rechtssysteme in Osteuropa

Arbeitsbereich Geschichte und Kultur

Sekretariat
Erszebet Schmolka
Telefon: 83854036
E-Mail: erschm@zedat.fu-berlin.de

Leiter
Prof. Dr. Holm Sundhaussen
Telefon: 83852076

E-Mail:sundhaus@zedat.fu-berlin.de
Spezialgebiet: Südosteuropäische Geschichte

Mitarbeiterinnen und Mitarbeiter und ihre Arbeitsbereiche
Dr. sc. Jutta Petersdorf: Russisch-deutsche Beziehungen
Dr. Rosalinde Sartori: Russische und sowjetische Kulturgeschichte; Alltagskultur; Politische Symbolik und visuelle Kommunikation
Ricarda Vulpius: Nationenbildung und Kulturgeschichte der Ukraine
Karl Bethke: Geschichte des ex-jugoslawischen Raumes

Bibliothek (s. Bibiotheken)

Zentrum für Entwicklungsländer-Forschung (ZELF)
Institut für Geographische Wissenschaften
Fachbereich Geowissenschaften

Malteserstr. 74-100, Haus K
12249 Berlin

Sekretariat
Emilia Adam
Telefon: 83870 223
Fax: 83870 757
E-Mail: e.adam@geog.fu-berlin.de

Leiter
Prof. Dr. Fred Scholz
Arbeitsschwerpunkte: Unterentwicklung und Entwicklung: Nomaden und städtische Randseiter in Entwicklungsregionen (Naher Osten, Nordafrika, Zentralasien)

Arbeitsschwerpunkte des ZELF
Nomadismus/mobile Tierhaltung; Verarmungs- und Ausgrenzungsprozesse in ihren raumrelevanten Bezügen und Abläufen; Entwicklungsplanung

Mitarbeiterinnen und Mitarbeiter und ihre Arbeitsschwerpunkte
Dipl.-Ing. Erdenechimeg Bayar: Mongolei
Dipl.-Geogr. Gerhard Gad: Unternehmensethik
Dr. Felicitas Hillmann: Migrationsforschung, Städtische Arbeitsmärkte, Geschlechterforschung; Ausgrenzungsprozesse (Europa, Italien, Deutschland, Berlin)
PD Dr. Jörg Janzen: Entwicklungsforschung; Ländliche Regionalentwicklung (Somalia, Mongolei und Südarabien, Zentralasien, Horn von Afrika)

Joachim Kruhöffer, Ing. f. Kartographie
Rita Merkle, M.A.: VR China

Forschungsprojekte

Oman/Kleine Golfstaaten: Sozialökonomischer Wandel; Pakistan/Sind: Reaktions-
weisen der Nomaden(-frauen) auf die Einengung ihres Lebensraumes durch den
Ausbau der Kanalbewässerung an der Westseite der Cholistan-Wüste; Somalia:
Entwicklung und Potentiale bäuerlicher und nomadischer Landnutzungssysteme;
Jemen: Innovationsentwicklung im Agrarsektor; China: Mobile Tierhaltung und
Nutzungssysteme; China: Landreform, mobile Tierhaltung, Weidelandökologie;
Mongolei: Mobile Tierhaltung und Nutzungssysteme: historische und neuere Karten

Dissertationen

Die mobile Tierhaltung im weiteren Bereich des Ruoshui Flusssystems und seiner
Endseen als ökologisch angepasste Nutzungsweise

Eine historisch-geographisch/kartographische Studie zur Erschließung traditioneller
weide-wirtschaftlicher Nutzungsmuster

Ökologische Analyse hydrologischer Systeme am Beispiel des Jemen

Ackerbauern und mobile Tierhalter in Zentral- und Nordbenin - Nutzungskonflikte
und Landesentwicklung

Sociogeographical situation analysis of resources. Management for Al-Mawasit
district. Q'at-based farming system case (Jemen)

Globalisierung und Armut. Eine sozialgeographische Studie über Verarmungspro-
zesse auf Mauritius

Wissenschaftliche Reihen

Abhandlungen - Anthropogeographie (Dietrich Reimer, Berlin)

Occasional Paper Geographie (FU Berlin/ZELF)

Bibliothek

Haus O, Eingang Haus G
Tel.: 83870 205
Keine Zugangs- oder Nutzungsbeschränkungen
Öffnungszeiten:
Mo.-Do.: 9.00-18.00 Uhr
Fr.: 9.00-15.00 Uhr
In der vorlesungsfreien Zeit: Mo-Do: 9.00-17.00, Fr.: 9.00-14.00

Technische Universität Berlin

Institut für Baugeschichte, Architekturtheorie und Denkmalpflege

Fachbereich 8: Architektur

Straße des 17. Juni 152
10623 Berlin

Fachgebiet Bau- und Stadtbaugeschichte
Prof. Dr.-Ing. Johannes Cramer
Forschungsschwerpunkte: Antike, mittelalterliche und neuzeitliche Baugeschichte und Bauforschung in Europa

Fachgebiet Architekturtheorie
Prof. Dr.-Ing. Fritz Neumeyer
Forschungssschwerpunkt: Architekturtheorie von der Antike bis ins 21. Jahrhundert

Fachgebiet Historische Bauforschung, Aufbaustudiengang Denkmalpflege
Prof. Dr.-Ing. Dorothée Sack
Sekr. A58 – Raum A 812
Telefon: 314796 11
Fax: 314796 12
E-Mail: asd@tu-berlin.de
Internet: http://www. A.tu-berlin.de/institute/0833/hbf-asd

Die historische Bauforschung und die von Architekten begleitete Bauuntersuchung bei der archäologischen Feldarbeit kam nach der Emeritierung Professor Ernst Heinrichs zum Erliegen. Heinrich selbst hatte in den 1920er und 1930er Jahren im Orient (z.B. in Uruk) gegraben, habilitierte sich 1948 an der TU und deckte bis 1964 das gesamte Gebiet der Baugeschichte von der Antike bis in die Neuzeit ab. Die historische Bauforschung wurde erst 1998 wieder mit einer neu geschaffenen Professur (Prof. Dorothée Sack) eingerichtet. Ihr Forschungsgebiet deckt zwei Bereiche ab: „Zum einen wird hier der Aufbaustudiengang Denkmalpflege konzipiert und koordiniert und zum anderen werden praktische, analytische und wissenschaftliche Methoden der Bauforschung, die ihren Ursprung in der Ausgrabungswissenschaft und damit in der Archäologie haben, vermittelt und überdies – anknüpfend an die 1964 abgebrochene Tradition – Forschungen im Mittleren Osten durchgeführt" (D. Sack). So wird nach fast 35 Jahren wieder an die Tradition der Historischen Bauforschung angeknüpft, um den Ansatz Verknüpfung von praktischer Arbeit und wissenschaftlicher Auseinandersetzung mit Architektur und der gebauten Umwelt fortzusetzen.

Forschungsschwerpunkte
Bauforschung und archäologische Bauforschung in islamischen Ländern; Forschungen zur Stadtentwicklung von Damaskus vom 1100 v. Chr. bis ins 20. Jh.;

Forschungen zur frühislamischen Architektur mit folgenden Schwerpunkten: Resafa-Rusafat Hisham, Ausgrabung und Bauuntersuchung der Großen Moschee; Erforschung der etwa drei qkm großen Residenz des Kalifen Hisham ibn Abd al-Malik im Süden außerhalb der christlichen Pilgerstadt Resafa-Sergiupolis (DAI-Grabung). Raqqa (DAI-Grabung): Aufarbeitung der in den Jahren 1982-1992 von Michael Meinecke durchgeführten Grabung der abbasidischen Paläste im Norden von ar-Raqqa/ar-Rafiqa; Castel del Monte, Kastell Friedrichs des II. von Hohenstauffen in Apulien (Süditalien): Bauuntersuchung und Erforschung der Frage, inwieweit die Architektur Friedrichs II. vom Orient beeinflußt wurde (in Zusammenarbeit mit dem Institut für Baugeschichte der Universität Karlsruhe, Prof. Dr.-Ing. Wulf Schirmer)

Mitarbeiter und ihre Arbeitsschwerpunkte

Christof Krauskopf, M.A.: Untersuchung des Quartiers Suq as-Sagha (Goldsuq) in Damaskus, südlich der Großen Moschee. Stadtkerngrabung an der Stelle eines 1959 abgebrannten Basars. Funde von der Antike bis 1959 (lückenlose Ansiedlung)

Martin Gussone, Dipl.-Ing.: Bearbeitung der Mshatta-Fassade im Museum für islamische Kunst auf der Museumsinsel (Pergamon-Museum)

Dissertationen

Das Hofhaus in Syrien, seine regionalen Ausprägungen und sein Erhalt.

Städtische Mittelhallenhäuser in Großsyrien – lokale und überregionale Einflüsse auf eine Bauform

Die Rizq-Moschee in Hasanket (Türkei)

Die Stadtmauer von Marib (Jemen)

Bade- und Toilettenanlagen frühislamischer bis mittelalterlicher Palastbauten in Bilad ash-Sham (Großsyrien)

Bibliothek

Im Aufbau

Zentrum für Antisemitismusforschung
Fachbereich 1: Geisteswissenschaften

Ernst-Reuter-Platz 7
10587 Berlin
Telefon: 31423154
Fax: 31421136
E-Mail: zfa10154@mailszrz.zrz.TU-Berlin.de
Internet: http://www.tu-berlin.de/~zfa/

Leiter

Prof. Dr. Wolfgang Benz

Selbstdarstellung

„Das 1982 gegründete Zentrum für Antisemitismusforschung der Technischen Universität Berlin ist die einzige und zentrale Einrichtung ihrer Art in Europa. Die interdisziplinäre Grundlagenforschung zum Antisemitismus wird durch angrenzende Schwerpunkte, deutsch-jüdische Geschichte und Holocaustforschung ergänzt. Das Zentrum für Antisemitismusforschung, das in die akademische Lehre eingebunden ist, wird in hohem Maße auch als eine öffentliche Institution verstanden, die weit über den Rahmen eines Universitätsinstituts hinaus Dienstleistungen und Aufklärungsarbeit für die Öffentlichkeit erbringt."

Mitarbeiterinnen und Mitarbeiter und ihre Arbeitsschwerpunkte:

Prof. Dr. Werner Bergmann: Antisemitismus nach 1945; Theorie sozialer Bewegungen; Soziologie und Psychologie des Vorurteils

Dr. Johannes Heil: Mittelalterliche und neuzeitliche Judenfeindschaft; Historiographie zur jüdischen Geschichte

Dr. Mona Körte: Mythologeme und Ideologeme im literarischen Vergleich; Judenfiguren in der europäischen Literatur; Autobiographische und fiktionale Literatur zum Holocaust; Methodische Fragestellungen zu Literaturwissenschaft und Antisemitimusforschung

Dr. Juliane Wetzel: Redaktion und Lektorat der Schriftenreihen und des Jahrbuchs; Rechtsextremismus (Internet, internationale Verbindungen); Jüdische Geschichte im Nachkriegsdeutschland; Juden und Judenfeindschaft im italienischen Faschismus

Dr. Wolfgang Gruner: NS-Zwangsarbeit; Staatliche Ausgrenzungspolitik Boliviens gegen die indianische Bevölkerungsmehrheit (1928-1953)

Dr. Beate Kosmala: Rettung von Juden im nationalsozialistischen Deutschland, Juden und Judenfeindschaft in Polen

Dr. Claudia Schoppmann: Rettung von Juden im nationalsozialistischen Deutschland

Dr. Marion Neiss: Jüdische Friedhöfe, Friedhofsschändungen; Jiddische Presse

Michael Kohlstruck: Arbeitsstelle Jugendgewalt und Rechtsextremismus

Dr. Angelika Königseder: Jüdische Geschichte in Nachkriegsdeutschland; Rechtsanwälte im NS-Staat; NS-Konzentrationslager

Dr. Anette Leo: Biographie Wolfgang Steinitz; Geschichtsbilder und Geschichtsbewußtsein in der DDR und in den neuen Bundesländern

Dr. Peter Widmann: Sinti und Roma; „Zigeuner"-Stereotypen

Wissenschaftliche Reihen:

Jahrbuch für Antisemitismusforschung (Metropol, Berlin)

Dokumente, Texte, Materialien (Metropol, Berlin)

Bibliothek der Erinnerung (Metropol, Berlin)

Schriftenreihe des Zentrums für Antisemitismusforschug (Wallstein, Göttingen)
Solidarität und Hilfe für Juden währen der NS-Zeit (Metropol, Berlin)
Lebensbilder, jüdische Erinnerung und Zeugnisse (Fischer Taschenbuch, Frankfurt/M.)
Nationalsozialistische Besatzungspolitik in Europa 1939-1945 (Metropol, Berlin)
Geschichte der Konzentrationslager 1933-1945 (Metropol, Berlin)

Bibliothek (Präsenzbibliothek)
Kontakt: Dr. Antje Gerlach
Öffnungszeiten:
Mo.-Fr.: 9.00-12.00 und 13.00-16.00 Uhr

Archiv
Kontakt: Claudio Curio
Bestände: Dokumente aus den Gebieten Antisemitismus, Nationalsozialismus, Rassismus und Rechtsextremismus, auch der deutschjüdischen und der Exilgeschichte. Die Unterlagen umfassen Originaldokumente, Mikromaterialien, Presseausschnitte und Flugblattsammlungen.

Humboldt-Universität zu Berlin

Professur für Islamwissenschaft des nichtarabischen Raumes
Seminar für Geschichte und Gesellschaft Südasiens
Institut für Asien- und Afrikawissenschaften
Philosophische Fakultät III

Postanschrift
Unter den Linden 6
10099 Berlin

Sitz
Luisenstraße 54/55
10117 Berlin
Internet: http://www2.hu-berlin.de/asaf/islam/

Sekretariat
Birgit Koch
Telefon: 20936650
Fax: 20936666
E-Mail: birgit.koch@rz.hu-berlin.de

Leiter
Prof. Dr. Peter Heine
Telefon: 20936652
E-Mail: peter.heine@rz.hu-berlin.de

Arbeitsschwerpunkte
Kultureller und sozialer Wandel in muslimischen Gesellschaften außerhalb der arabischen Welt; Islam in Südasien und in Deutschland; Islamische Kunstgeschichte

Mitarbeiterinnen und Mitarbeiter und ihre Arbeitsschwerpunkte
Anke Bentzin, M.A.: Islam in Deutschland; MigrantInnen türkischer Herkunft in Berlin; Islamisches Fernsehen in Berlin; Sozialökonomische Lage der Landbevölkerung in Kasachstan
N.N.

Habilitationen
Dr. Reingard Neumann: Bazarkunst und Alltagskultur im qadjarischen Iran (anhand von Beständen des Museums für Völkerkunde)

Dissertationen
Wissensvermittlung als transnationale kulturelle Praxis: Wie aus dem Königreich Marokko ein Heimpavillon auf der Expo 2000 in Hannover wird

Der Einfluß der Wortentlehnungsvorgänge auf historische Kontakte zwischen den Morgen- und den Abendländern

Forschungsprojekte

Islamische Quellen zur Geschichte und Kultur Ostafrikas; Westliche Feindbilder des Islam; Die islamische Missionsbewegung Tablighi Jamaat in Indien und Pakistan; Islam in Deutschland

Bibliothek

Bestände in der Zweigbibliothek Asien- und Afrikawissenschaften (s. Bibliotheken)

Seminar für Südostasienstudien
Institut für Asien- und Afrikawissenschaften
Philosophische Fakultät III

Postanschrift

Unter den Linden 6
10099 Berlin

Sitz

Luisenstr. 54/55
10117 Berlin
Internet: http://www2.hu-berlin.de/asaf/soa/

Sekretariat

Elisabeth Schulze (Indonesistik)
Telefon: 20936630
E-Mail: elisabeth.schulze@rz.hu-berlin.de

Petra Sugita-Andrée (Philologien)
Telefon: 20936697
E-Mail: petra.sugita@sealing.hu-berlin.de

Babette Troschke (Geschichte Südostasiens)
Telefon: 20936663
E-Mail: babette.troschke@rz.hu-berlin.de
Fax alle: 20936666

Leiter

Prof. Dr. Vincent Houben
Telefon: 20936663
E-Mail: vincent.houben@rz.hu-berlin.de

Arbeitsschwerpunkte des Seminars
Geschichte Südostasiens; Modernes Südostasien; Südostasiatische Philologien

Mitarbeiterinnen und Mitarbeiter und ihre Arbeitsschwerpunkte
Prof. Dr. Ingrid Wessel: Geschichte Indonesiens, Modernes Südostasien
Prof. Dr. Vincent Houben: Geschichte und Gesellschaft Südostasiens
Prof. Dr. Christian Bauer: Südostasiatische Philologien
Eva Streifeneder, M.A.: Indonesien
Dr. Martin Großheim: Vietnam
Ulrike Thimm: Kultur und Gender Studies in Südostasien
Dr. Uta Gärtner: Myanmar und Birmanisch
Dr. Nguyen Minh Hà: Vietnamesisch
Martin Schalbruch, M.A.: Linguistik und Grammatik des Thai

Wissenschaftliche Reihe
SÜDOSTASIEN Working Papers

Zentralasien-Seminar
Sprachen und Kulturen Mittelasiens
Institut für Asien- und Afrikawissenschaften
Philosophische Fakultät III

Postanschrift
Unter den Linden 6
10099 Berlin

Sitz
Luisenstraße 54/55
10117 Berlin
Internet: http://www2.hu-berlin.de/zentralasien/

Sekretariat
Beate Kleinmichel
Telefon: 20936667
Fax: 20936666
E-Mail: beate.kleinmichel@rz.hu-berlin.de

Leiterin
Prof. Dr. Ingeborg Baldauf
Telefon: 20936651

E-Mail: ingeborg.baldauf@rz.hu-berlin.de
Arbeitsschwerpunkt: Sprachen und Kulturen Mittelasiens

Arbeitsschwerpunkte des Seminars

Uzbekistan, Tadschikistan, Afghanistan, Kyrgyzstan, Sinkiang, Turkmenistan, Kazakstan – Sprachen, Geistes- und Kulturgeschichte der Region; die uzbekische Sprache; Sprichwörter aus Nordafghanistan; Volksrätsel der Turkvölker; uzbekische Literatur des 20. Jahrhunderts; der obszöne Wortschatz der Tajiken; kulturelles Gedächtnis und Medienentwicklung in Afghanistan; Edition des Wörterbuches Balochi-Paschto-Dari von Abdurrahman Pahval (Baloch)

Mitarbeiterinnen und Mitarbeiter und ihre Arbeitsschwerpunkte

Dipl.-Phil. Monika Matzke: Farsi, Dari, Paschto

PD Dr. Lutz Rzehak: Sprachen, Kulturgeschichte und Ethnographie iranischsprachiger Völkerschaften Mittelasiens

Dipl.-Phil. Barno Aripova: Tadschikisch und Uzbekisch

Dissertationen

Das nationale Kino Tadschikistans

Parteieliten im Mittelasien der frühen Sowjetzeit

Lebenswelten von Frauen in Uzbekistan

Die Veränderungen der mittelasiatischen Gesellschaften durch die sowjetische Politik in der Zeit nach Stalin am Beispiel Uzbekistan

Forschungsvorhaben

Pilgerwesen in Nord-Afghanistan

Wörterbuch Deutsch-Tadschikisch

Mahmud Chodscha Behbudi und die islamische Aufklärung in Mittelasien

Wissenschaftliche Reihen

ANOR (Mithg., Klaus Schwarz , Berlin)

IRAN-TURAN (Mithg., Reichert Wiesbaden)

Mittelasien-Archiv (s. Archive)

Bibliothek

Bestände in der Zweigbibliothek Asien- und Afrikawissenschaften (s. Bibliotheken)

1.2 Außeruniversitäre Einrichtungen

Arbeitskreis Moderne und Islam

Geschäftsstelle

Wissenschaftskolleg zu Berlin
Wallotstraße 19
14193 Berlin

Koordinator

Georges Khalil
Telefon: 89001259
E-Mail: khalil@wiko-berlin.de
http://www.wiko-berlin.de/Information/dakmi_i.htm

Sekretariat

Christine Hofmann
Telefon: 89001258
Fax: 89001200
E-Mail: hofmann@wiko-berlin.de

Organisation und Finanzierung

Der Arbeitskreis Moderne und Islam (AKMI) ist ein Netzwerk von Forschern und
Forschergruppen aus und außerhalb Berlins, deren gemeinsames Interesse darin
besteht, die Regionalwissenschaften stärker mit anderen Disziplinen zu verknüpfen.
Der AKMI wird wissenschaftlich von Dr. Navid Kermani (Long Term Fellow des
Wissenschaftskollegs zu Berlin) vertreten und von Georges Khalil geleitet. Die Geschäftsstelle des Arbeitskreises im Wissenschaftskolleg zu Berlin wird als Interdis-
ziplinärer Forschungsverbund vom Land Berlin, die Projekte des Arbeitskreises mit
Mitteln des Bundesministeriums für Bildung und Forschung, der Fritz Thyssen Stiftung, des Auswärtigen Amts und der Körber-Stiftung gefördert.
Die inhaltliche Gestaltung der Projekte des Arbeitskreises liegt in der Verantwor-
tung der einzelnen Projektleiter. Die Projektentwicklung wird von einem international besetzten Beirat begleitet.

Zielsetzung

In seiner ersten Projektphase hat sich der Arbeitskreis Moderne und Islam von 1996
bis 2001 darum bemüht, die neuzeitlichen gesellschaftlichen Entwicklungen innerhalb der muslimischen Welt im Kontext der selben Moderne zu verstehen, von der
auch Deutschland und andere Länder geprägt sind.
In einem weiteren Schritt sollen nun gezielte Anstöße für neue Fragestellungen der
kultur- und sozialwissenschaftlichen Disziplinen erprobt werden. Mit mehreren
eigenständigen Projekten wird versucht, den stark durch die nationalen Grenzen des
19. Jahrhunderts geprägten Horizont der europäischen Geschichte und Kultur durch
die Einbeziehung außereuropäischer Erfahrungen und Perspektiven zu erweitern.

Dafür ist wesentlich, die Zusammenarbeit mit Wissenschaftlern in den außereuropäischen Regionen im Sinne einer „Forschung mit, nicht über" auszubauen. Den Projekten des Arbeitskreises stehen zur Unterstützung und Vernetzung ihrer Forschungsvorhaben ein Postdoktorandenprogramm, Berliner Seminare, Arbeitsgespräche und Sommerakademien zur Verfügung.

Projekte

Den verschiedenen Projekten des Arbeitskreises Moderne und Islam ist die methodische Perspektive gemeinsam, Kulturen nicht als einander gegenüberstehende geschlossene Entitäten zu untersuchen. Vielmehr sollen die vielfältigen geistigen, religiösen, politischen, ökonomischen und sozialen Verflechtungen zum Thema gemacht werden. Gegenüber einem polarisierenden oder romantischen Kulturalismus, der von der Eigenständigkeit und Alterität jeder Kultur ausgeht, werden auf diese Weise die vielschichtigen Kommunikations-, Rezeptions- und Mobilitätsprozesse herausgearbeitet, welche Angehörige verschiedener Kulturen miteinander verbinden und prägen. Insofern ist der Begriff "Verflechtungen" programmatisch gemeint, für die Zielsetzung sowohl des Arbeitskreises Moderne und Islam als auch seiner Teilprojekte.
Bislang sind folgende Projekte in den Arbeitskreis eingebunden:
- Cultural Mobility in nahöstlichen Literaturen
Dieses Projekt erforscht die vielfältigen Rezeptions- und Austauschbeziehungen der Literaturen des Nahen Ostens zu anderen Teilen der Weltliteratur.
Leitung: Dr. Friederike Pannewick (Seminar für Semitistik und Arabistik, Freie Universität Berlin)
– Islamische und jüdische Hermeneutik als Kulturkritik
In diesem Vorhaben werden Grundlagen einer vergleichenden Hermeneutik muslimischer und jüdischer Traditionen erarbeitet.
Leitung: Dr. Almut Sh. Bruckstein (Institut für Judaistik, Freie University Berlin / Hebrew University Jerusalem) und Dr. Navid Kermani (Wissenschaftskolleg zu Berlin)
– Bausteine für eine Gesellschaftsgeschichte des Vorderen Orients
In Kooperation mit dem Interdisziplinären Zentrum Vorderer Orient der Freien Universität soll die Beschäftigung mit Kategorien sozialer Ordnung, Rechtsnorm sowie Wissen und Wissensvermittlung den Blick auf die eigene Geschichte und Gegenwart schärfen.
Leitung: Professor Dr. Gudrun Krämer (Institut für Islamwissenschaft, Freie Universität Berlin)
– Museums-Forum: Präsentation außereuropäischer Kulturen
In einer Kooperation des Wissenschaftskollegs, des Deutschen Museumsbunds und der Stiftung Preußischer Kulturbesitz ist dieses Projekt als Gesprächsforum konzipiert, bei dem Kulturwissenschaftler mit Museumsexperten der Frage nachgehen, wie außereuropäische Kulturen in Museen ausgestellt werden sollen.
Leitung: Professor Dr. Viola König (Ethnologisches Museum Berlin) und Dr. Navid Kermani (Wissenschaftskolleg zu Berlin)
– West-östlicher Diwan. Schriftsteller schreiben über Schriftsteller

Um die wechselseitige Kenntnis der Gegenwartsliteraturen in Deutschland und im Nahen Osten zu verbessern, werden neue Formen einer engeren Zusammenarbeit von jeweils zwei Schriftstellern erprobt.

Koordination: Thomas Hartmann

Ein auf die Zusammenarbeit mit türkischen Wissenschaftlern zugeschnittenes Programm ist in der Planung (Türkei-Forum).

Fellowship-Programm (Postdoktorandenprogramm)

Der AKMI misst der Förderung des wissenschaftlichen Nachwuches einen besonderen Stellenwert zu. Jährlich stehen neun Fellowships für Postdoktoranden zur Verfügung, die ihre selbstgewählten Forschungsvorhaben in Verbindung zu einem der Projekt des AKMI durchführen möchten. Die Stipendien sind auf 12 Monate angelegt, können aber auch für einen kürzeren Zeitraum von drei bis sechs Monaten vergeben und auf bis zu zwei Jahre verlängert werden.

Dieses Angebot richtet sich sowohl an Nachwuchswissenschaftler aus dem Nahen und Mittleren Osten, als auch an vergleichend arbeitende Kultur- und Sozialwissenschaftler aus Deutschland und anderen Ländern, die eine Zusammenarbeit mit anderen Philologien und Kulturwissenschaften anstreben.

Berliner Seminar(e)

Im Berliner Seminar treffen sich Fellows des Wissenschaftskollegs, die Fellows des Arbeitskreises Moderne und Islam sowie Berliner Professoren und Nachwuchswissenschaftler zu gemeinsamen Diskussionen. Über Ausschreibungen sollen Kultur- und Sozialwissenschaftler der Berliner Universitäten sowie anderer außeruniversitärer Institutionen (wie z. B. das Zentrum Moderner Orient und das Zentrum für Literaturforschung) angesprochen werden. Das Berliner Seminar dient der Entwicklung innovativer Fragestellungen und eines gemeinsamen Forschungsstils, bindet Fellows des Wissenschaftskollegs, des Arbeitskreises Moderne und Islam in das Berliner Umfeld ein und ermöglicht jüngeren Wissenschaftlern aus Berlin ihre eigenen Forschungsarbeiten in einen breiteren interdisziplinären Kontext zu stellen.

Das Berliner Seminar widmet sich jeweils einem Projekt des Arbeitskreises Moderne und Islam. Es findet während des Semesters am Wissenschaftskolleg oder am Institut eines beteiligten Wissenschaftlers in Berlin statt.

Arbeitsgespräche

Die zwei- bis viertägigen Arbeitsgespräche dienen dem gezielten Austausch innerhalb der einzelnen Projekte und insbesondere ihrer internationalen Vernetzung. Vorgesehen sind für jedes Projekt ein bis zwei Arbeitsgespräche pro Jahr mit auswärtigen Wissenschaftlern in Berlin oder an einem Institut eines der beteiligten Wissenschaftlers im In- oder Ausland.

Sommerakademie

Zu den einzelnen Projekten werden Sommerakademien organisiert, die Gelegenheit bieten, die erarbeiteten Fragestellungen zusammen mit einer Gruppe von bis zu 24 international ausgewählten Nachwuchswissenschaftlern zu diskutieren. Diese werden aufgrund einer internationalen Ausschreibung im Hinblick darauf ausgewählt, welchen Beitrag sie zu der gemeinsamen Fragestellung leisten können. Als Tutoren fungieren international renommierte Wissenschaftler. Die Sommerakademien können in Berlin, an einem europäischen Partnerinstitut oder an einem Forschungsinstitut in der muslimischen Welt stattfinden. Das Programm der Sommerakademien wird gleichermaßen von den Arbeiten der Doktoranden und Postdoktoranden wie von Beiträgen etablierter Wissenschaftler getragen.

Organisation/Beirat

Dem wissenschaftlichen Beirat des AKMI gehören an:

Stephen Greenblatt, Ph.D. (Professor of the Humanities, Harvard University, Permanent Fellow des Wissenschaftskollegs zu Berlin)

Jürgen Kocka, Dr. phil. (Professor für Geschichte, Präsident des Wissenschaftszentrums Berlin)

Gudrun Krämer, Dr. phil. (Professorin für Islamwissenschaft, Institut für Islamwissenschaft, Freie Universität Berlin; Vorsitzende)

Wolf Lepenies Dr. Dr. h.c. (Professor der Soziologie, Freie Universität Berlin, Permanent Fellow des Wissenschaftskollegs zu Berlin)

Jürgen Osterhammel, Dr. phil. (Professor der Geschichte, Universität Konstanz)

Björn Wittrock, Ph.D. (Professor der Politikwissenschaft, Direktor des Swedish Collegium for Advanced Study in the Social Sciences (SCASS), Uppsala)

Albert Wirz, Dr. phil. (Professor am Institut für Asien- und Afrikawissenschaften, Humboldt-Universität zu Berlin)

N.N. (Direktor des Zentrums Moderner Orient in Berlin)

Berliner Gesellschaft zur Förderung der Kurdologie e.V.
Europäisches Zentrum für kurdische Studien

Emser 26
12051 Berlin
Tel.: 62 60 70 32
E-Mail: mail@kurdologie.de
Internet: http://www.kurdologie.de

Die Berliner Gesellschaft zur Förderung der Kurdologie (BGFK) fördert die interdisziplinäre wissenschaftliche Beschäftigung mit den Kurden und Kurdinnen in der Diaspora sowie in ihren Herkunftsstaaten. Da die Kurdischen Studien/Kurdologie an keiner deutschen Universität institutionell verankert sind, füllt die BGFK eine in den Bereichen Naher Osten wie Migration bestehende Forschungslücke.
Durch die jahrelange Zusammenarbeit mit Kurdologen und Kurdologinnen in Europa, dem Nahen Osten, Nordamerika und Australien hat die BGFK ein wissenschaft-

liches Netzwerk aufgebaut. Seit 1993 organisiert die BGFK internationale Ringvorlesungen, Kongresse und Workshops.

Die BGFK ist Träger des Europäischen Zentrums für kurdische Studien, welches die Forschungsprojekte der BGFK leitet und koordiniert.

Bibliothek

Mit derzeit ca. 3000 Bücher sowie zahlreichen Zeitschriften und einer ständig aktualisierten Aufsatzsammlung ist die Bibliothek der BGFK die größte in Deutschland zum Thema Kurdologie/Kurdische Studien.

Wissenschaftliche Reihe

Reihe Kurdologie (LIT, Hamburg)
Kurdische Studien (Fachzeitschrift)

Berliner Institut für Vergleichende Sozialforschung e.V.

Schliemannstr. 23
10437 Berlin
Telefon: 44651065
Fax: 4441085
E-Mail: info@emz-berlin.de
http://www.emz-berlin.de

Vorstand des Vereins

Dipl. Pol. Ahmet Ersöz
Dr. Thomas Schwarz
Dipl. Pol. Jutta Aumüller

Direktorium

Prof. Dr. Abraham Ashkenasi
Prof. Dr. Ulrich Albrecht
Prof. Dr. Hajo Funke
Prof. Dr. Hermann Korte
Prof. Dr. Wolf-Dieter Narr
Prof. Dr. Wilfried Heller

Koordination: Dr. Jochen Blaschke

Seit seiner Gründung im Jahre 1978 widmet sich das Institut der wissenschaftlichen Dokumentation und Erforschung von Migration und Ethnizität. Das Institut ist Mitglied der Arbeitsgemeinschaft Europäisches Migrationszentrum.

Forschungsprojekte

Evaluierung und Vergleich von Prozessen der Familienzusammenführung in Europa; Risikogruppe unbegleitete minderjährige Migranten; Arbeitsmarkt und Immigration; Cross Regional Collaboration Project; Rassismus in ländlichen Gegenden; Vermittlung gefährdeter Jugendlicher in Berliner und Brandenburger Betriebe – wissenschaftliche Begleitforschung; Managing Diversity in Europe (EMDGS); Institutions for the Economic Participation of Refugees; The decentralization of refugee reception in the member states of the European Union and the harmonization of asylum politics; Management and planning of the migration flows

Bibliothek und Verlag

Die Bibliothek umfaßt mehr als 70 000 Titel vor allem aus der deutsch- und englischsprachigen Migrations- und Ethnizitätsforschung sowie auch Graue Literatur. Sie ist keine öffentlich geförderte Spezialbücherei, sondern aus den Forschungsarbeiten der Institutsmitarbeiter, häufig auch unter Einsatz privater Mittel, entstanden. Eine Ausleihe ist deshalb nicht möglich. Allerdings kann sie von ausländischen Forschern, Berliner Doktoranden und Diplomanden genutzt werden. Jährlich werden zwischen 7000 und 10 000 Neuerscheinungen in die Literaturdatenbank des BIVS übernommen. Etwa die Hälfte der Titel ist am Institut einsehbar.

Die Zeitungsausschnittdokumentation „Archiv: Migration" ist über eine Erweiterung des Thesaurus der Literaturdokumentation, der zur Zeit rund 1000 Stichwörter umfaßt, erschließbar, die im geographischen Teil beispielsweise bis auf die Ebene der Bundesländer und wichtigsten Städte Deutschlands hinabreicht.

Das Programm des Instituts-Verlags Edition Parabolis umfaßt wissenschaftliche Zeitschriften, Monographien und Loseblattsammlungen zu den Themen: Flucht, Migration, Ethnizität, Rassismus, ethnische Beziehungen.

Wissenschaftliche Periodika und Reihen

Migration. A European Journal of International Migration and Ethnic relations

Ethnizität & Migration. Bibliographische Informationen zu Ethnizität und Migration

Beiträge zur Vergleichenden Sozialforschung

Loseblattsammlungen (u.a. Berliner Migrationsforschung, ein Handbuch; Datenbankkatalog: Internationale Sozial- und Migrationsdaten; International Refugee Documentation Network [IRDN] – A Resource Handbook; Zuwanderer in Berlin. Ein Adreßbuch der Organisationen; Kurden im Exil. Ein Handbuch kurdischer Kultur, Politik und Wissenschaft; EUROFOR – A Resource Handbook; Weltflüchtlingsbericht. Ein Handbuch zu Fluchtursachen und Asyl, Bevölkerungsbewegungen und Entwicklungspolitik; Jahrbücher für Vergleichende Sozialforschung; Ausstellungskataloge des Museums für Europäische Migration; Arbeitshefte)

Centre Marc Bloch

Schiffbauerdamm 19
10117 Berlin
Telefon: 20933798
Fax: 30874301
E-Mail: sa@cmb.hu-berlin.de
Internet: http://www.cmb.hu-berlin.de

Wissenschaftliche Direktorin
Prof. Dr. Catherine Colliot-Thélène

Stellv. Direktor
Prof. Dr. Olivier Beaud

Generalsekretär
Dr. Gérard Darmon

Mitarbeiter und ihre Arbeitsschwerpunkte
Altan Gökalp (Anthropologie, CNRS)
Pierre Jardin (Geschichte, CNRS)

Die Gründung des deutsch-französischen Zentrums für sozialwissenschaftliche Forschungen geht auf einen Beschluß beider Regierungen zurück. Unter der Schirmherrschaft des Historikers Marc Bloch wurde es im Oktober 1992 gegründet. Administrativ untersteht das Zentrum dem französischen Außenministerium sowie dem französischen Ministerium für Erziehung, Forschung und Technologie. Seit dem 1. Januar 1997 hat es den Status einer Forschungsinstitution (URA) des CNRS, außerdem ist es mit dem EHESS, dem IEP in Paris, der Ecole Normale Supérieure de Fontenay-Saint-Cloud und den Universitäten Bordeaux III und Paris IV sowie Strasbourg II (Marc Bloch Universität) assoziiert.

Das Centre Marc Bloch, geleitet von einem deutsch-französischen Wissenschaftskomitee, hat drei Aufgaben: Es soll ein interdisziplinäres Forschungszentrum werden, eine deutsch-französische Wissenschaftspraxis umsetzen, die sich an Europa orientiert und nicht zuletzt soll es ein Wissenschaftszentrum werden.

Einer der Forschungsschwerpunkte ist der Islam in Europa („Islam transplanté"). Im wesentlichen liegen die Forschungsschwerpunkte jedoch auf europäischer Geschichte und Nationalsozialismus.

Das Centre führt regelmäßig zu unterschiedlichen Themen Tagungen, Podiumsdiskussionen, Methodenseminare und Workshops durch.

Deutsches Archäologisches Institut

Zentrale

Podbielskiallee 69-71
14195 Berlin
Telefon: 01888 77110
Fax: 01888 7711168
E-Mail: info@dainst.de
Internet: http://www.dainst.de

Präsident

Prof. Dr. Dr. h.c. Helmut Kyrieleis
E-Mail: praesident@dainst.de

Das Deutsche Archäologische Institut (DAI) ist als wissenschaftliche Korporation
eine Bundeseinrichtung, die beim Auswärtigen Amt ressortiert. Seine Mitarbeiterinnen und Mitarbeiter führen Forschungen auf dem Gebiet der Archäologie und
ihrer Nachbarwissenschaften im In- und Ausland durch.

Mitarbeiterinnen und Mitarbeiter

Prof. Dr. Walter Trillmich (Leiter der wissenschaftlichen Abteilung)
E-Mail: wissenschaft@dainst.de

Dr.-Ing.Ernst-Ludwig Schwandner (Stellvertr. Leiter der Wiss. Abteilung, Leiter
des Architektur-Referats)
E-Mail: architektur@dainst.de

Dr.-Ing. Klaus Rheidt (Stellvertr. Leiter des Architektur-Referats)
E-Mail: architektur@dainst.de

Orient-Abteilung

Podbielskiallee 69-71
14195 Berlin
Telefon: 01888 77110
Fax: 01888 7711189
E-Mail: orient@dainst.de

Leiter

Prof. Dr. Ricardo Eichmann
E-Mail: orient@dainst.de

Selbstdarstellung

„Die wissenschaftlichen Unternehmungen der Abteilung konzentrieren sich auf den
Raum des Nahen Ostens südlich der Türkei und westlich des Iran. Sie umfassen
archäologische Prospektionen (Surveys) und Ausgrabungen sowie in Zusammenar-

beit mit anderen Institutionen geoarchäologische Forschungen. Das chronologische Spektrum der Projekte reicht von der prähistorischen bis zur islamischen Zeit. Die Arbeitsschwerpunkte liegen auf der Untersuchung der frühen Hochkulturen und der griechisch-römischen Antike in Vorderasien."

Mitarbeiterinnen und Mitarbeiter

Dr. Margarete van Ess (stellvertretende Leiterin der Abt.)
E-Mail: orient@dainst.de

Prof. Dr. Klaus Freyberger (Leiter der Außenstelle Damaskus)
E-Mail: daidam@net.sy

Dr. Iris Gerlach (Leiterin der Außenstelle Sanaa)
E-Mail: dai.sanaa@y.net.ye

Dr. Markus Geschwind (Außenstelle Damaskus)
E-Mail: daidam@net.sy

Jutta Häser (Redaktion)
E-Mail: orient@dainst.de

Holger Hitgen (Außenstelle Sanaa)
E-Mail: dai.sanaa@y.net.ye

Bernd Müller-Neuhof (Redaktion)
E-Mail: orient@dainst.de

Dr. Klaus Schmidt (Fotoarchiv)
E-Mail: orient@dainst.de

Wissenschaftliche Reihen

Baghdader Mitteilungen (Philipp von Zabern, München)
Damaszener Mitteilungen (Philipp von Zabern, München)
Baghdader Forschungen (Philipp von Zabern, München)
Damaszener Forschungen (Philipp von Zabern, München)
Archäologische Berichte aus dem Yemen (Philipp von Zabern, München)
Orient-Archäologie (Marie Leidorf, Rahden)
Epigraphische Forschungen auf der arabischen Halbinsel (Marie Leidorf, Rahden)
Ausgrabungen in Uruk-Warka, Endberichte (Philipp von Zabern, München)

Bibliothek (s. Bibliotheken)

Eurasien-Abteilung

Im Dol 2-6
14195 Berlin
Telefon: 01888 77110
Fax: 01888 7711313
E-Mail: eurasien@dainst.de

Leiter

Prof. Dr. Hermann Parzinger
E-Mail: eurasien@dainst.de

Selbstdarstellung

„Als Aufgaben gelten Forschungen im Gebiet der GUS-Staaten sowie in den südlich benachbarten Ländern (Iran, Afghanistan, Pakistan, China) von der Urgeschichte bis ins Mittelalter. Der Abteilung ist eine naturwissenschaftliche Arbeitsgruppe für die Fachrichtungen Paläobotanik, Archäozoologie, Dendrochronologie und Radiocarbondatierung zugeordnet, die auch mit anderen Kommissionen und Abteilungen des Instituts kooperiert."

Mitarbeiterinnen und Mitarbeiter

Dr. Norbert Benecke (Leiter der naturwissenschaftlichen Arbeitsgruppe; E-Mail: archzool@dainst.de)

Jochen Fornasier (Redaktion; E-Mail: eurasien@dainst.de)

Dr. Jochen Görsdorf (Radiocarbondatierung; E-Mail: 14c@dainst.de)

Barbara Helwing (Redaktion; E-Mail: eurasien@dainst.de

Dr. Karl-Uwe Heußner (Dendrochronologie; E-Mail: dendro@dainst.de)

Dr. Ingo Motzenbäcker (Redaktion; E-Mail: eurasien@dainst.de)

Dr. Anatoli Nagler (Redaktion; E-Mail: eurasien@dainst.de)

Reinder Neef (Paläobotanik; E-Mail: archbotan@dainst.de)

Dr. Erdmute Schultze (Redaktion; E-Mail: eurasien@dainst.de)

Dr. Mayke Wagner (stellvertretende Leiterin der Abteilung; E-Mail: eurasien@dainst.de)

Wissenschaftliche Reihen

Eurasia Antiqua. Zeitschrift für Archäologie Eurasiens (Philipp von Zabern, München)

Archäologische Mitteilungen aus Iran und Turan (Dietrich Reimer, Berlin)

Archäologie in Eurasien (Marie Leidorf, Rahden)

Archäologie in Iran und Turan (Marie Leidorf, Rahden)

Materialien zur iranischen Archäologie (Dietrich Reimer, Berlin)

Iranische Denkmäler (Dietrich Reimer, Berlin)

Steppenvölker Eurasiens (Paläograph J. Longinov, Moskau)

Pntus Sepentrionalis (Paläograph J. Longinov, Moskau)

Bibliothek (s. Bibliotheken)

Forschungsinstitut der Deutschen Gesellschaft für Auswärtige Politik e.V.

Rauchstraße 18
10787 Berlin
Telefon: 25423100
Fax: 25423116
E-Mail: info@dgap.org
Internet: http://www.dgap.org

Wissenschaftliches Direktorium
Prof. Dr. Hans-Peter Schwarz (Vorsitzender)
Prof. Dr. Helga Haftendorn (Stellvertr. Vorsitzende)

Die Deutsche Gesellschaft für Auswärtige Politik (DGAP) ist eine unabhängige, überparteiliche Vereinigung zur Erforschung und Darstellung der zentralen Fragen der deutschen Außenpolitik und der internationalen Beziehungen. Sie organisiert Vorträge, Konferenzen und Studiengruppen und tätigt wissenschaftliche Bearbeitungen außen-, sicherheitspolitischer und außenwirtschaftlicher Fragen.

Periodika und Wissenschaftliche Reihen
Zeitschrift für Internationale Politik
Schriften des Forschungsinstituts der DGAP (Oldenbourg, München)
Arbeitspapiere zur Internationalen Politik (Europa-Union, Bonn)

Bibliothek und Dokumentationsstelle (s. Bibliotheken)

Institut für kurdische Studien e.V.

Postfach: 1249
12122 Berlin
Telefon/Fax: 8219943

Leiter
Feryad Fazil Omar

Aufgabe des Instituts ist die Erforschung der Sprache, Geschichte und Literatur der Kurden.

Publikationen

Das Institut veröffentlicht im Verlag Institut für kurdische Sprache kurdische Literatur aus allen Teilen Kurdistans in Kurdisch, Persisch, Türkisch, Arabisch und Deutsch, darunter Wörterbücher in beiden kurdischen Schriftsprachen (Kormani und Sorani). Demnächst wird das kurdische Epos Mamuzin von Ahmadi Xani und ein Kurdisch (Sorani)-Deutsches Wörterbuch veröffentlicht.

Bibliothek (nicht öffentlich, nur zu Forschungszwecken)
Bücher in Deutsch, Arabisch, Türkisch und Persisch

Archiv
Enthält Zeitschriften, Zeitungen (u.a. die ersten kurdischen Zeitungen ab Ende des 19. Jahrhunderts), Handschriften, Mikrofilme, Videodokumentationen, Musikkassetten sowie ein Stichwortverzeichnis (Karteikärtchen) mit über 300 000 kurdischen Wörtern und Begriffen mit genauen Quellenangaben, die auch zum größten Teil schon elektronisch erfaßt sind.

Kurdisches Institut für Wissenschaft und Forschung e.V.

Brandenburgische Straße 38
10707 Berlin
Telefon: 89096462/45
Fax: 89096439
E-Mail: kurdins@aol.com

Das Institut ist am 22. April 1994 von etwa 400 Personen in Berlin gegründet worden. Es stellt sich die historische Aufgabe, kurdisches Kulturleben aufzuarbeiten und die Geschichte des kurdischen Volkes zu untersuchen. Das kurdische Institut bietet eine Grundlage dafür, daß Wissenschaftlerinnen und Wissenschaftler, die über die kurdische Geschichte in ihren jeweiligen Bereichen arbeiten wollen, dafür Möglichkeiten und Mittel erhalten.
Die *Bibliothek* umfaßt über 5000 Bände. Das kleine *Archiv* umfaßt Zeitschriften und Zeitungen.

Die *Publikationen* des Instituts werden in Deutsch und in Kurdisch herausgegeben, darunter Sprachlehrbücher, Schulbücher für Kinder, Kinderbücher etc.
Das Institut gibt die Zeitschrift „Lekolin" (Forschung) heraus. Die Artikel werden in der Originalsprache gedruckt.

Stiftung Wissenschaft und Politik
Deutsches Institut für Internationale Politik und Sicherheit

Ludwigkirchplatz 3-4
10719 Berlin
Postfach 151120
10673 Berlin
Telefon: 88007-0
Fax: 88007100
E-Mail: swp@swp-berlin.org
Internet: http://www.swp-berlin.org

Das Deutsche Institut für Internationale Politik und Sicherheit der Stiftung Wissenschaft und Politik (SWP) ist eine unabhängige wissenschaftliche Einrichtung, die anhand eigener Forschung und Expertise Bundestag und Bundesregierung in allen Fragen der deutschen Außen- und Sicherheitspolitik berät. Seit ihrer auf eine private Initiative zurückgehenden Gründung 1962 in Ebenhausen bei München hat die Stiftung durch ihre Veröffentlichungen, Analysen und internationalen Konferenzen im In- und Ausland zur Meinungsbildung in ihren Arbeitsgebieten beigetragen. Im Januar 1965 beschloß der Deutsche Bundestag einstimmig der Gründung beizutreten.

Mit dem Januar 2001 ist die SWP gemeinsam mit den in das neue Institut integrierten Mitarbeiterinnen und Mitarbeitern des früheren Kölner "Bundesinstituts für ostwissenschaftliche und internationale Studien" sowie der gegenwartsbezogenen Abteilung des Münchner "Südost-Instituts" in Berlin ansässig. Sie wird aus Mitteln des Bundeshaushalts (im Titel des Bundeskanzleramts) finanziert, im Haushaltsjahr 2001 mit rund 16 Millionen DM; hinzu kommen Drittmittel von Forschungsförderungseinrichtungen.

Mit künftig 150 Mitarbeitern ist die SWP das größte Forschungszentrum auf seinem Arbeitsgebiet in Westeuropa.

Die wissenschaftliche Arbeit ist in zehn Forschungs- sowie Projektgruppen mit derzeit über 60 wissenschaftlichen Mitarbeitern organisiert: I. Europäische Integration, II. EU-Erweiterungsperspektiven, III. Westlicher Balkan, IV. Sicherheitspolitik, V. Rüstung und Rüstungskontrolle, VI. Amerika, VII. Russische Förderation, VIII. Naher/Mittlerer Osten und Afrika, IX. Asien, X. Globale Fragen, Projektgruppe Conflict Prevention Network (CPN), Projektgruppe Elitenwechsel in der Arabischen Welt

Der Fachinformationsbereich unterstützt die Forschungsarbeit des Instituts und erstellt darüber hinaus Literaturinformationen, Materialsammlungen und Dokumentationen für die politischen Institutionen des Bundes. Die EDV-gestützte Literatur- und Faktendatenbank wird gemeinsam mit anderen Forschungseinrichtungen im Rahmen des „Fachinformationsverbundes Internationale Beziehungen und Länderkunde" unter Federführung des SWP betrieben und ist öffentlich nutzbar („World Affairs Online" über Data Star uned GBI).

Die schriftlichen Ergebnisse der Forschung sind vornehmlich Bundestag und Bundesregierung zugänglich. Sie werden in geeigneten Fällen veröffentlicht.

Forschungsgruppe VIII

Die Forschungsgruppe beschäftigt sich mit drei Regionen - Mittlerer Osten und Zentralasien, Naher Osten und Nordafrika sowie Afrika südlich der Sahara -, die zwar mit ähnlichen Problemen konfrontiert sind, deren jeweilige Ausprägung jedoch sehr regionenspezifisch ist. Entsprechend ist die Expertise der wissenschaftlichen Mitarbeiter der Forschungsgruppe überwiegend regional definiert. In der Beschäftigung mit allen drei Regionen dominieren Fragen des politischen Systemwandels, der Konfliktbearbeitung, der regionalen Strukturbildung und der Außenbeziehungen. Die deutsche und europäische Politik gegenüber diesen Regionen ist ein weiterer Schwerpunkt. Dabei spielt die Auseinandersetzung mit dem Islam und die Entwicklungspolitik eine besondere Rolle.

Elite Change in the Arab World

Dieses Projekt beschäftigt sich mit Struktur und Zusammensetzung der künftigen Eliten in der arabischen Welt, den Wechselbeziehungen zwischen der Formierung dieser Eliten einerseits und der politischen wie auch sozio-ökonomischen Transformation andererseits sowie den Folgen dieser Veränderungen für die regionalen und internationalen Beziehungen der arabischen Staaten. Das Projekt wird von der Thyssen- Stiftung und der Ford Foundation gefördert.

Leiter des Projekts: PD Dr. Volker Perthes

Mitarbeiter des Projekts: Dr. Muriel Asseburg, Gamal Abdel Nasser, Imke Ahlf-Wien, Ahmed Badawi, MSc., Steffen Erdle, Dr. Iris Glosemeyer, Rola el-Husseini, MSc. Isabelle Werenfels, Saloua Zerhouni, Amal Obeidi

Wissenschaftlerinnen und Wissenschaftler und ihre Arbeitsschwerpunkte:

Dr. Muriel Asseburg (muriel.asseburg@swp-berlin.de): Nahost Friedensprozeß; Staatswerdung Palästinas; Politische und ökonomische Transformation im Nahen Osten; Deutsche Nahostpolitik; Konfliktprävention und Friedenssicherung

Dr. Uwe Halbach (uwe.halbach@swp-berlin.de): Kaukasien, Zentralasien, Rußland (südliche Regionen und nichtrussische Förderationssubjekte), GUS

Dr. Heinz Kramer (heinz.kramer@swp-berlin.de): Türkische Außen- und Sicherheitspolitik; Politische, wirtschaftliche und gesellschaftliche Entwicklung der Türkei; Grundfragen des europäischen Integrationsprozesses; Beziehungen EU-Türkei; Konfliktdreieck Türkei-Griechenland-Zypern

Dr. Citha D. Maaß (citha.maass@swp-berlin.de): Indisch-pakistanischer Konflikt; Nuklearpolitik in Südasien; Indien und Pakistan im internationalen System; Afghanistan-Konflikt

PD Dr. Volker Perthes (volker.perthes@swp-berlin.de): Stv. Leiter der Forschungsgruppe „Konflikte und Strukturbildung außereuropäischer Regionen": Politik und politische Ökonomie im Nahen und Mittleren Osten/Nordafrika; Internationale Beziehungen der arabischen Welt; Deutsche und europäische Nahost- und Mittelmeerpolitik; Theorie internationaler Beziehungen; Bürgerkriege und Konfliktbearbeitung; Politischer Systemwandel; EU-Mittelmeerpolitik; Friedensprozeß; Kooperations- und Konfliktdynamiken und regionale Neuordnung im Nahen und Mittleren Osten

Dr. Johannes Reissner (johannes.reissner@swp-berlin.de): Politische, kulturelle und soziale Entwicklungen in der islamischen Welt, besonders Iran und zentralasiatischer Raum, arabische Halbinsel; Verhältnis des Westens zur islamischen Welt

Prof. Dr. Wolf Oschlies (wolf.oschlies@swp-berlin.de): Ethnische, politische und kulturelle Fragen des Balkans; Innen- und Sozialpolitik Osteuropas

Dr. Sabine Riedel (sabine.riedel@swp-berlin.de): Wirtschafts- und Sozialpolitik in den Transformationsländern Südosteuropas; Kulturelle Dimension staatlicher und nichtstaatlicher Außenpolitik; Regionalisierungsprozesse und Staatszerfall im Zeitalter der Globalisierung

Jürgen Schmidt (juergen.schmidt@swp-berlin.de): Außen- und Sicherheitspolitik der GUS-Staaten, Institutionen regionaler Kooperation im GUS-Raum

Turfanforschung

Akademienvorhaben
Berlin-Brandenburgische Akademie der Wissenschaften

Jägerstr. 22/23
10117 Berlin
Telefon: 20370472
Fax: 20370467
Internet: http://www.bbaw.de/vh/turfan/

Projektleiter
Prof. Dr. Semih Tezcan

Arbeitsstellenleiter
Prof. Dr. Peter Zieme

Hauptamtliche wissenschaftliche Mitarbeiter
Dr. Desmond Durkin-Meisterernst
Prof. Dr. Werner Sundermann
Dr. Ingrid Warnke

Selbstdarstellung
„Turfanforschung" ist die wissenschaftliche Edition und Interpretation von Kunstwerken und Textzeugnissen, die in der Oase von Turfan in Ostturkistan (Xinjiang) und Umgebung gefunden wurden und die die Kulturen der antiken Seidenstraßen vielfältig bezeugen. Die Arbeit an den Textzeugnissen ist die Aufgabe der Berlin-Brandenburgischen Akademie der Wissenschaften und der Akademie der Wissenschaften zu Göttingen.

Die deutschen Expeditionen im 19. Jahrhundert führten dazu, daß der größte Teil der Turfanschätze nach Berlin gelangte. Daß hundert Jahre nach dem Eintreffen der ersten Turfandokumente in Berlin immer noch ein großer Teil der philologischen Arbeit an den Texten zu bewältigen ist, hat im Charakter der Sammlung seinen Grund, in der Fremdheit vieler der in ihr vertretenen Sprachen, der Unbekanntheit vieler Wörter, der Unvertrautheit mancher ihrer Inhalte und dem schlechten Erhaltungszustand der Texte. Um so größer war und bleibt der wissenschaftliche Gewinn ihrer Erschließung für die Orientalistik, die vergleichende Religions-, Literatur- und Sprachwissenschaft. Aufgabe der Turfanforschungsgruppe ist zur Zeit die Weiterführung der Edition des türkischen und iranischen Teils der Berliner Turfansammlung (ca. 12 000 Fragmente)

Arbeiten an den alttürkischen Texten

Edition des *Yetikän sudur* und verwandter Texte

Edition von Fragmenten des *Vimalakīrtinirdeśasūtra*, des *Avalokiteśvarasūtra* und des *Abitaki*

Edition des uigurisch-buddhistischen Bekenntnistextes *Kšanti kılguluq nom bitig* (chin. *Cibei daochang chanfa*)

Eine vollständige Photoedition der manichäisch-türkischen Texte

Arbeiten an den iranischen Texten

Edition des mittelpersischen und soghdischen Hymnenzyklus „Rede der lebendigen Seele" (*gôwišn ī grīw zīndag*)

Edition einer Handschrift der soghdischen Übersetzung des *Mahāyāna Mahāparinirvāṇasūtra*

Photoedition von mitteliranischen manichäischen Turfantexten in Editionen der Zeit von 1935 bis zur Gegenwart

Wissenschaftliche Reihe

Berliner Turfantexte (Brepols, Turnhout)

Zentrum Moderner Orient
Geisteswissenschaftliche Zentren Berlin e.V.

Kirchweg 33
14129 Berlin
Telefon: 803070
Fax: 80307210
E-Mail: zmo@rz.hu-berlin.de
Internet: http://www.zmo.de

Direktor
N.N.

Vizedirektoren
Dr. Achim v.Oppen
PD Dr. Thomas Zitelmann

Sekretariat
Dorothee Peter
Telefon: 80307225

Das Zentrum Moderner Orient widmet sich der historischen, gesellschafts- und kulturwissenschaftlichen Erforschung des Nahen Ostens, Südasiens und Afrikas. Über seine eigenen Projekte hinaus fördert es die Vernetzung einschlägiger Forschungen und Institutionen innerhalb und außerhalb der Universitäten, auf regionaler und überregionaler Ebene. Hervorgegangen aus der ehemaligen Akademie der Wissenschaften der DDR, neubegründet 1992 auf Empfehlung des Wissenschaftsrates, zunächst als „Forschungsschwerpunkt" von der Max-Planck-Gesellschaft betreut, wird das Zentrum seit Anfang 1996 vom Verein Geisteswissenschaftliche Zentren Berlin e.V. getragen, dem u.a. die Berliner Universitäten und mehrere Akademien angehören. Seine Grundausstattung wird vom Land Berlin getragen, während die laufenden Projekte größtenteils von der Deutschen Forschungsgemeinschaft (DFG) finanziert werden.

Forschungsprogramm
Das Forschungsprogramm umfaßt neun interdisziplinäre Projekte, die Aspekte der Geschichte und Kultur des modernen Orients (Naher Osten, Afrika, Südasien) seit dem 18. Jahrhundert untersuchen. Im Vordergrund stehen die historischen Kulturwissenschaften im weitesten Sinne, jedoch werden auch wirtschafts- und sozialwissenschaftliche Themen behandelt. Die Projekte gruppieren sich um drei Forschungslinien, nämlich „Translokalität", „Öffentlichkeit" und „Geschichtskulturen". Besonderer Nachdruck wird auf die interdisziplinäre Grundlagenforschung gelegt, die durch Archiv- und Feldforschung in den untersuchten Ländern und Regionen realisiert wird.

Forschungsprojekte

1. Indischer Ozean - Raum als Bewegung
Dr. Brigitte Reinwald: Dhow Culture. Zur historischen und symbolischen Interpretation interkultureller Beziehungen im Indischen Ozean
PD Dr. Jan-Georg Deutsch: Soko Mhogo Street. Die soziale Biographie einer Straße in Zanzibar Stone Town in der kolonialen und nachkolonialen Zeit
Dr. Friedhelm Hartwig: Gelehrte, Kaufleute und Söldner. Hadramitische Familiennetzwerke und ihre Transformation im Kulturraum Indischer Ozean
Dr. Ravi Ahuja: Maritime Arbeitskultur und britische Kolonialherrschaft im Indischen Ozean vom späten 19. bis zur Mitte des 20. Jahrhunderts

Dr. Katrin Bromber: Communicating Difference. Eine textlinguistische Untersuchung zu verbalen Strategien der Ab- und Ausgrenzung in Presseerzeugnissen des kolonialen Tansania

2. (Re-)Konstruktion von Nationalstaaten durch translokale Vergesellschaftung

Dr. Anja Peleikis: Translokale Akteure: Vision und Praxis gesellschaftlichen Wandels im Libanon

Katja Hermann, M.A.: Translokalität über die Grüne Linie: Die Palästinenser in Israel zwischen israelischer Staatsbürgerschaft und translokaler palästinensischer Vergesellschaftung

3. Transsaharische Beziehungen zwischen Marokko und dem subsaharischen Afrika: Neugestaltung und Wiederbelebung transregionaler Verbindungen

Dr. Steffen Wippel: Marokkos Außenbeziehungen mit dem subsaharischen Afrika am Ende des 20. Jahrhunderts: Materielle und kognitive Aspekte regionaler Verdichtung

Dr. Laurence Marfaing: Kleinunternehmer als „interkulturelle Makler": Zur Entstehung sozialer Räume durch wirtschaftliches Handeln

4. Streitobjekt Bildung im Spannungsverhältnis von Hindus, Muslimen und Christen – nationale und „kommunalistische" Interessen am Vorabend der Unabhängigkeit Indiens

PD Dr. Joachim Oesterheld: Bildungsprogrammatik und Bildungspraxis von Provinzregierungen in Britisch-Indien - Reaktionen und Positionsbestimmungen unter Muslimen am Vorabend der Unabhängigkeit

Dr. Heike Liebau: Bildungsfrage im Selbstverständnis indischer Christen in der Madras Presidency (1930-1947)

Dr. Margret Frenz: Bildungspolitik und Bildungsnachfrage im princely state Tranvancore (1930-1947)

Dr. Antje Linkenbach-Fuchs: Bildung und Erziehung im Kontext von Kolonial- und Nationalstaat: theoretische und sozialhistorische Perspektiven

5. Untertanen, Gläubige, Staatsbürger/innen - Konzepte politischer Legitimität in Marokko

Dr. Bettina Dennerlein: Baiʿa, šūrā und maǧālis ʿilmīya. Islam und politische Integration im Marokko des 19. Jahrhunderts

Dr. Sonja Hegasy: Legitimität und Kontinuität von Herrschaft in einer islamischen Monarchie

6. Heilige Orte, populäre Erinnerung und translokale Praxis im südlichen Swahili-Raum (20. Jahrhundert)

Dr. Abdallah Chanfi Ahmed: Mausoleen und zawiya auf den Komoren und in Ostafrika als Orte populärer Verehrung und Erinnerung

Dr. Achim v. Oppen: Heilige Orte auf den Komoren und in Ostafrika als Schnittstellen sozialer und translokaler Beziehungen

7. Glauben und Heiligkeit als Trost und Ausweg: Zur Konsruktion islamischer Gegenkultur in Südasien

Dr. Dietrich Reetz: Die Kraft des moralischen Beispiels - der Gesellschaftsentwurf der islamischen Missionsbewegung Tablighi Jamaat in Indien und Pakistan (im Verbund mit der Humboldt-Universität zu Berlin)

8. Medien und strukturelle Veränderungen von Öffentlichkeit in der arabisch-islamischen Welt der Gegenwart

Lutz Rogler, Dipl.-Arabist: Die „maǧalla fikrīya" als Forum intellektueller Öffentlichkeit im Umfeld arabischer islamischer Bewegungen

Dr. Albrecht Hofheinz: Digitaler Dschihad - virtuelle Demokratie – Allah.com: Cyber-Vernetzungen in der arabisch-islamischen Welt

9. Erlebnis und Diskurs – zeitgenössische arabische Begegnungen mit dem Nationalsozialismus. Ein Beitrag zur Erinnerungskultur

Peter Wien, M.A., M.St.: „Disziplin und Aufopferung". Nationalsozialismus im irakischen Diskurs

Prof. Dr. Gerhard Höpp: Täter und Opfer. Arabische Erfahrungen nationalsozialistischer Herrschaft, 1933-1945

René Wildangel, M.A.: Die palästinensischen Araber und der Nationalsozialismus. Zeitgenössische Ansichten und Erfahrungen 1933-1945 (Förderung durch die Heinrich-Böll-Stiftung

Weitere Mitarbeiter

PD Dr. Georg Klute: Transsaharische Beziehungen; Nomadismus; Tuareg

Publikationsreihen

Arbeitshefte (Klaus Schwarz, Berlin)
Studien (Klaus Schwarz, Berlin)

Bibliothek (s. Bibliotheken)

2. MUSEEN, BIBLIOTHEKEN UND DOKUMENTATIONSSTELLEN

2.1 Museen und Sammlungen

Ethnologisches Museum
Staatliche Museen zu Berlin
Preußischer Kulturbesitz

Arnimallee 27
14195 Berlin
Telefon: 8301231
Fax: 8301500
E-Mail:md@smb.spk-berlin.de
Internet: http://www.smb.spk-berlin.de/mv/s.html

Leiter des Fachreferats Afrika
Dr. Peter Junge
Telefon: 8301233

Leiterin des Fachreferats Islamischer Orient
Dr. Ingrid Schindelbeck
Telefon: 8301205

Leiterin des Fachreferats Süd- und Südostasien
Dr. Wibke Lobo
Telefon: 8301214

Leiter des Fachreferats Musikethnologie
Prof. Dr. Arthur Simon
Telefon: 8301241

Phonogramm-Archiv
Dr. Susanne Ziegler
Telefon: 8301201
Fax: 8301292
E-Mail: phonoarch@smb.spk-berlin.de

Im Phonogrammarchiv befinden sich Edisonwalzen, Schellackplatten, LPs, CDs und unveröffentlichte Feldforschungsaufnahmen sowie eine musikethnologische Bibliothek.

Bibliothek im Westpavillon des Museumsaltbaus (Präsenzbibliothek)
Telefon: 8301280/298
Fax: 8315972

Bestände
Die Bibliothek umfaßt insgesamt mehr als 90 000 Bände, darunter in- und ausländische Literatur aus dem Gesamtgebiet der Ethnologie, sowie einen umfangreichen Zeitschriftenbestand.
Es bestehen eingeschränkte Kopiermöglichkeiten.

Öffnungszeiten
Mo. und Di.: 8.00-12.00 Uhr
Mi. und Do.: 12.00-16.00 Uhr

Wissenschaftliche Reihen
Baessler-Archiv. Beiträge zur Völkerkunde (Dietrich Reimer, Berlin)

Museum für Indische Kunst
Staatliche Museen zu Berlin
Preußischer Kulturbesitz

Lansstr. 8
14195 Berlin
Telefon: 8301361
Fax: 8301502
E-Mail: mik@sbb.spk-berlin.de
Internet: http://www.smb.spk-berlin.de/mik/s.html

Leiterin
Dr. Marianne Yaldez
Telefon: 8301362

Öffnungszeiten
Di.-Fr.: 10.00-18.00 Uhr
Sa.-So.: 11.00-18.00 Uhr

Bibliothek (Präsenzbibliothek)
Takustr. 40
14195 Berlin
Telefon: 8301361
Fax: 8315972

Öffnungszeiten
Nach Vereinbarung

Museum für Islamische Kunst
Staatliche Museen zu Berlin
Preußischer Kulturbesitz

Bodestraße 1–3
10178 Berlin
Eingang: Pergamonmuseum, Südflügel,
Am Kupfergraben
Telefon: 20905401
Fax: 20905402
E-Mail: isl@smb.spk-berlin.de
Internet: http://www.smb.spk-berlin.de/isl/s.html

Leiter
Prof. Dr. Claus-Peter Haase
Telefon: 20905400

Öffnungszeiten
Di., Mi., Fr.-So.: 10.00-18.00 Uhr
Do.: 10.00-22.00 Uhr

Bibliothek (Präsenzbibliothek)
Bodestraße 1-3
10178 Berlin
Telefon: 20905401
Fax: 20905402
Öffnungszeiten:
Di.-Fr.: 10.00-16.30 Uhr

Vorderasiatisches Museum
Staatliche Museen zu Berlin
Preußischer Kulturbesitz

Bodestr.1-3
10178 Berlin
Telefon: 20905301
Fax: 20905302

E-Mail: vam@smb.spk-berlin.de
Internet: http://www.smb.spk-berlin.de/vam/s.html

Leiterin

Prof. Dr. Beate Salje
Telefon: 20905300
Öffnungszeiten
Di.-So.: 10.00-18.00 Uhr
Do.: 10.00-22.00 Uhr

Bibliothek (Präsenzbibliothek)
Telefon: 20905301
Fax: 20905302
Öffnungszeiten:
Di.-Fr.: 10.00-16.30 Uhr

Reihen
EOS. Nachrichten für Freunde der Antike auf der Museumsinsel Berlin

2.2 Fachbibliotheken und Dokumentationsstellen

Staatsbibliothek zu Berlin
Preußischer Kulturbesitz
Internet: www.sbb.spk-berlin.de

Haus 1
Unter den Linden 8
10117 Berlin
Telefon: 2660
Fax: 2662319

Haus 2
Potsdamer Str. 33
10785 Berlin
Telefon: 266-0
Fax: 2662814

Zeitungsabteilung
Westhafenstr.1
13353 Berlin
Telefon: 2663710
Fax: 2663799

Öffnungszeiten beider Häuser
Mo.-Fr.: 9.00-21.00 Uhr
Sa: H. 1: 9.00-17.00 Uhr, H. 2: 9.00-19.00 Uhr

Öffnungszeiten der Zeitungsabteilung
Mo.-Fr.: 9.00-17.00 Uhr
Sa.: 9.00-13.00 Uhr

Die Benutzung der Staatsbibliothek ist kostenpflichtig; es werden Tages-, Wochen- und Jahreskarten ausgegeben.

Die **Orientabteilung** und der **Orientlesesaal** der Staatsbibliothek befinden sich in Haus 2.

Sekretariat
Telefon: 2662489
Fax: 2645955
E-Mail: orientabt@sbb.spk-berlin.de

Leiter der Abteilung
Dr. Hartmut-Ortwin Feistel
Telefon: 2662415
E-Mail: h-o.feistel@sbb.spk-berlin.de

Orientlesesaal
Telefon: 2662878

Öffnungszeiten des Orientlesesaals
Mo.-Fr.: 9.00-17.00 Uhr
Sa.: 9.00-13.00 Uhr

Zugangs- bzw. Nutzungsbeschränkungen im Orientlesesaal
Handschriften, Blockdrucke bzw. deren Filme können nur Mo.-Do. von 9.00-15.00 Uhr sowie Fr. von 9.00-14.00 Uhr benutzt werden. Anmeldung ist spätestens am Vortag erforderlich.(Vgl. auch allgemeine Benutzungsbedingungen der Staatsbibliothek.)

Mitarbeiterinnen und Mitarbeiter der Fachreferate
Allgemeines
Dr. Hartmut-Ortwin Feistel

Afrikanistik/Armenisch
Meliné Pehlivanian, Telefon: 2662862
E-Mail: meline.pehlivanian@sbb.spk-berlin.de

Arabistik/Islamwissenschaft
Dr. Hars Kurio, Telefon: 2662414
E-Mail: hars.kurio@sbb.spk-berlin.de
Bärbel Pabst, Telefon: 2662863
E-Mail: baerbel.pabst@sbb.spk-berlin.de

Iranistik/Kaukasus
Dr. Eva-Maria Freytag, Telefon: 2662864
E-Mail: eva-maria.freytag@sbb.spk-berlin.de

Semitistik/Hebraistik/Judaistik/Ägyptologie/Altorientalistik/christlicher Orient
Petra Werner, Telefon: 2662492
E-Mail: petra.werner@sbb.spk-berlin.de

Südasien/Indologie
Siegfried Schmitt, Telefon: 2662865
E-Mail: siegfried.schmitt@sbb.spk-berlin.de

Südostasien/Ozeanien:
Christina Grune, Telefon: 2662490
E-Mail: christina.grune@sbb.spk-berlin.de
Jana Aendchen

Turkologie
Dr. Eva-Maria Freytag

Dr. Hars Kurio
Meliné Pehlivanian

Bestände des Orientlesesaals

Handbibliothek mit ca. 30 000 Bänden; die Handschriftensammlung der Orientabteilung umfaßt ca. 80 000 Originale (einschließlich der Fragmente des Vorhabens „Turfanforschung" der Berlin-Brandenburgischen Akademie der Wissenschaften, aufbewahrt in der dortigen Teilbibliothek) und 175 000 verfilmte Handschriften.

Sammelschwerpunkte und Sondersammelgebiete der Orientabteilung

Alter Orient; Afrika; Naher und Mittlerer Osten (einschließlich des europäischen Teils der Türkei, Israels und des Kaukasus, teilweise in Zusammenarbeit mit der Osteuropa-Abteilung); Islamisches Mittelasien; Südasien; Südostasien; Ozeanien sowie zeitweilig islamische Gebiete Europas

Verwaltung aller orientalischen Handschriften der Staatsbibliothek, der tibetischen und mongolischen Blockdrucke sowie Fotokopien und Mikrofilme von orientalischen Handschriften

Projekte der Orientabteilung

Katalogisierung der orientalischen Handschriften in Deutschland (KOHD, gegründet 1957)

Herausgabe des Verzeichnisses der orientalischen Handschriften in Deutschland (VOHD, bislang 96 Katalog- und 45 Supplementbände)

Kataloge

Teilweiser Nachweis der Sammlungen der Orientabteilung in den allgemeinen Hauptkatalogen beider Häuser der Staatsbibliothek (auch online), teilweiser Nachweis in abteilungseigenen Katalogen. Für Sondersammlungen (Handschriften, Blockdrucke etc.) sind Spezialkataloge vorhanden.

Geräte

Kopierer und Readerprinter befinden sich zentral in der Zwischenetage.

Akademiebibliothek

Berlin-Brandenburgische Akademie der Wissenschaften

Unter den Linden 8
10117 Berlin
Internet: http://bibliothek.bbaw.de

Sekretariat
Telefon: 2661921
Katalog/Auskunft
Telefon: 2661913
Leihstelle/Lesesaal
Telefon: 2661927

Leiter
Dr. Steffen Wawra
Telefon: 2661674
Fax: 2082367
E-Mail: wawra@bbaw.de

Tätigkeitsschwerpunkt
Betreuung der mehr als 30 Akademievorhaben und Unterstützung der interdisziplinären Arbeitsgruppen der Akademie in Fragen der Literaturversorgung

Bestände
Derzeit rund 850 000 Bände, ca. 1000 laufend bezogene Zeitschriften, mehr als 150 000 Druckschriften aus verschiedenen Wissenschaftsdisziplinen, darunter Akademieschriften des In- und Auslandes (ab 17.Jahrhundert)

Öffnungszeiten
Mo.-Fr.: 9.00-17.00 Uhr

Kataloge
Hauptkatalog und Teilkataloge (auch online)

Teilbibliothek Altorientalistik

Unter den Linden 8
Jägerstr. 22/23
10117 Berlin
Telefon: 20370262
Referent: Christian Jädicke
E-Mail: jaedicke@bbaw.de

Öffnungszeiten
Nach Vereinbarung

Berliner Missionswerk
Bibliothek

Georgenkirchstr. 70
10249 Berlin
Telefon: 24344123
Fax: 24344124
E-Mail: bmw@berliner-missionswerk.de
Internet: http://www.ekibb.com/mission/inland/archiv.htm

Leiterin

Bettina Golz
Telefon 24344139/40

„Die Bibliothek hat einen Bestand von ca. 50 000 Bänden. Darunter befindet sich vorwiegend Literatur zur Missionswissenschaft und Missionsgeschichte, zur Religionskunde und Ökumene, zur Entwicklungspolitik und zu Fragen der Dritten Welt. Die Berliner Missionsgesellschaft legte seit ihrer Gründung 1824 großen Wert auf literarische Tätigkeit. Daher entstanden sehr bald eine Seminarbibliothek, die der Ausbildung der Missionare diente, und eine Bibliothek der Berliner Mission, in der man größtenteils die Bücher und Schriften sammelte, die im eigenen Verlag bzw. über und von der eigenen Gesellschaft veröffentlicht wurden, aber auch die Schriften anderer Missionsgesellschaften. Mit der Vereinigung des Ökumenisch-Missionarischen Zentrums/Berliner Missionsgesellschaft und des Berliner Missionswerks übernahm 1991 das Berliner Missionswerk auch die Bibliothek und fügte ihr den kleinen Bestand der eigenen, bis dahin im Westteil Berlins betriebenen Bibliothek hinzu.
Seit dem Einzug in das evangelische Zentrum sind die Bibliothek des Berliner Missionswerks und die Zentralbibliothek der Evangelischen Kirche in Berlin-Brandenburg gemeinsam nutzbar."

Öffnungszeiten

Mo.-Fr.: 9.30-12.00 Uhr
Mo., Di., Fr.: 13.00-14.00 Uhr
Mi., Do.: 13.00-16.00 Uhr

Deutsches Archäologische Institut
Bibliothek

Podbielskiallee 69-71
14195 Berlin
Telefon: 018887711146
Fax: 018887711168
E-Mail: bibliothek@dainst.de

Leiter
N.N.
E-Mail: bibliothek@dainst.de

Orient-Abteilung, Bibliothek

Leiterin
Dr. Margarete van Ess

Die Bibliothek ist eine Präsenzbibliothek mit eingeschränktem Benutzerkreis.

Bestände
Ca. 24 000 Bände und 101 Zeitschriften. Schwerpunkte sind die vorderasiatische Archäologie, die Assyriologie, die Islamkunde und die Arabistik.

Öffnungszeiten
Mo.-Do.: 9.00-16.15 Uhr
Fr.: 8.30-14.45 Uhr

Eurasien-Abteilung, Bibliothek

Die Bibliothek ist eine Präsenzbibliothek mit eingeschränktem Benutzerkreis.

Bestände
Ca. 53 000 Bände. Sammelschwerpunkte sind mittel- und osteuropäische Ur- und Frühgeschichte, Archäologie der GUS-Staaten und des Iran bzw. des Indus-Gebietes.

Öffnungszeiten (wie in der Orient-Abteilung)

Forschungsinstitut der Deutschen Gesellschaft für Auswärtige Politik e.V.
Bibliothek und Dokumentationsstelle

Rauchstraße 18
10787 Berlin

Leiterin
Dr. Elke Dittrich
Telefon: 2542310

Fax: 25423116
E-Mail: bidok@dgap.org
Intrnet: http://www.dgap.org/bidok.htm

Die Bibliothek und die Dokumentationsstelle sammeln bzw. werten Zeitschriften, Bücher und graue Literatur zum aktuellen politischen Geschehen in aller Welt aus. Der Schwerpunkt der Sammlung liegt in der Dokumentation der deutschen Außenpolitik, der West-Ost-Beziehungen, der internationalen Sicherheitsprobleme, europäischer Fragen, der Tätigkeit europäischer und internationaler Organisationen, vor allem der EU, OECD, der NATO, der WEU und der UN und ihrer Sonderorganisationen.

Bestand

Ca. 60 000 Bücher, graue Literatur, rund 300 Zeitschriften aus dem In- und Ausland. Das Pressearchiv umfaßt über eine Million Zeitungsausschnitte auf Mikrofilm.

Öffnungszeiten (Präsenzbibliothek)
Mo.-Do.: 10.30-16.30 Uhr
Fr.: 10.30-15.00 Uhr

Geräte
Readerprinter und zwei PCs

Humboldt-Universität zu Berlin
Zweigbibliothek Asien- und Afrikawissenschaften

Luisenstr. 54/55
10117 Berlin
Telefon: 20936693
Fax: 20936666
E-Mail: asa@ub.hu-berlin.de
Internet: http://www.ub.hu-berlin.de/bibliothek/zweigbibliotheken/ asienaf asienaf.html

Leiterin
Uta Freiburger
Telefon: 20936691
E-Mail: uta=freiburger@ub.hu-berlin.de

Keine Zugangs- oder Nutzungsbeschränkung für Benutzung im Lesesaal. Ausleihe nur nach vorheriger Anmeldung und gegen Nachweis einer Berliner Wohnanschrift. Für Rollstuhlfahrer ist der Zugang ohne fremde Hilfe möglich. 16 Leseplätze.

Bestände

Literatur zu allen am Institut für Asien- und Afrikawissenschaften der Humboldt-Universität vertretenen Disziplinen/Lehrstühlen; derzeit ca. 120 000 Bände sowie eine Vielzahl laufend gehaltener Zeitungen und Zeitschriften. Freihandaufstellung nach Ländern

Öffnungszeiten

Mo.-Fr.: 8.00-18.00 Uhr

Kataloge

Onlinekatalog der Universitätsbibliothek mit dem Bestand der Zweigbibliotheken und systematische Zettelkataloge

Geräte

PC mit Internetzugang; Mikrofichelesegeräte; Kopierer im Institutsgebäude

Institut für Ethnologie der Freien Universität
Bibliothek

Drosselweg 1-3
14195 Berlin
Telefon: 83852693/4152
Fax: 83852382

Die Bibliothek ist allgemein zugänglich (Freihandaufstellung) und leiht außer Haus aus.

Anzahl der Leseplätze: 30

Sammelgebiete

Ethnologie, Zentralasien (Ethnologie), Mittelasien (Ethnologie), Vorderasien (Ethnologie), Indien (Ethnologie), Afrika südlich der Sahara (Ethnologie), Rechtsgeschichte (abgeschlossen)

Bestand (Ende 1996)

30 381 Bände, 51 laufend gehaltene Zeitschriften, 83 767 Mikro- sowie 2616 andere Medien (Sonderdrucke, Tonträger, Dias, Fotos, Filme, Videos, CD-ROM)

Öffnungszeiten

Vorlesungszeit:
Mo.-Do.: 11.00-17.00 Uhr
Fr.: 11.00-15.00 Uhr

Vorlesungsfreie Zeit:
Mo.-Do.: 14.00-18.00 Uhr
Fr.: 11.00-14.00 Uhr

Kataloge
Alphabetischer Katalog, Human Relations Area File (HRAF)

Geräte
Kopiergeräte, Mikrofichelesegeräte

Institut für Iranistik der Freien Universität
Bibliothek

Reichensteiner Weg 12-14
14195 Berlin
Telefon: 83853578
Fax: über 83856493

Bibliothekarin
Gity Salami
Telefon: 83851492
E-Mail: Salami@zedat.fu-berlin.de

Benutzung
Für Universitätsangehörige sowie mit beschränkter Ausleihe (Präsenzbibliothek).
Für Rollstuhlfahrer/innen ist der Zugang ohne fremde Hilfe nicht möglich.

Anzahl der Leseplätze: 6

Sammelgebiete
Alt-, mittel- und neuiranische Sprachen, klassische und moderne persische Literatur, kurdische Literatur; Quellen und Sekundärliteratur zu Geschichte, Religionen und Kunstgeschichte Irans; Afghanica

Bestände (Ende 1997)
15 698 Bände, 37 laufend gehaltene Zeitschriften sowie 19 andere Medien (Sonderdrucke, Tonträger, Dias, Fotos, Filme, Videos, CD-ROM)
Gemischte Aufstellung, davon Freihand 80 Prozent

Öffnungszeiten
Vorlesungszeit:
Mo., Mi., Do., Fr.: 10.00-16.00 Uhr
Di.: 14.00-16.00 Uhr
Vorlesungsfreie Zeit:
Mo., Di., Mi.: 10.00-13.00 und 14.00-16.00 Uhr

Kataloge
Alphabetischer und Systematischer Katalog

Geräte
Mikrofichelesegerät, Mikrofilmlesegerät, Readerprinter

Institut für Islamwissenschaft der Freien Universität
Bibliothek

Altensteinstr. 40
14195 Berlin
Telefon: 83854117
Fax: 83852830

Bibliothekarin
Dagmar Löw

Die Bibliothek ist für Universitätsangehörige zugänglich. Sie ist eine Präsenzbibliothek mit Freihandaufstellung sowie beschränkter Ausleihe außer Haus und verfügt über neun Leseplätze.
Von der Einfahrt Fabeckstraße stehen zwei Behindertenparkplätze zur Verfügung; im Gebäude befindet sich ein behindertengerechtes WC. Der Zugang zur Bibliothek ist für Rollstuhlfahrerinnen und -fahrer ohne fremde Hilfe nicht möglich.

Sammelgebiete
Vorderer Orient (19. und 20. Jahrhundert), arabische Literatur (alte und moderne), türkische Literatur (moderne), Arabisch (Unterrichtsmaterial), Persisch (Unterrichtsmaterial), Türkisch (Unterrichtsmaterial), Literatur der traditionellen islamischen Wissenschaften, Türkei (19. und 20. Jahrhundert), Osmanische Geschichte und Literatur

Bestände (Ende 1999)
36 592 Bände, 34 laufend gehaltene Zeitschriften, 1287 Sonderdrucke, 801 Mikromaterialien

Öffnungszeiten
Vorlesungszeit:
Mo.-Do.: 10.00-12.00 und 14.00-17.00 Uhr
Fr.: 10.00-12.00 Uhr
Vorlesungsfreie Zeit:
Mo.-Do.: 10.00-12.00 und 13.00-16.00 Uhr
Fr.: 10.00-12.00 Uhr

Kataloge
Alphabetischer und Standortkatalog (Zettel)

Geräte und Ausstattung
Münzkopierer, Internet-Anschluß

Institut für Turkologie der Freien Universität
Bibliothek

Schwendenerstr. 33
14195 Berlin
Telefon: 83854947
Fax: 83853823

Bibliothekarin
Ingrid Andrzejewski

Präsenzbibliothek (über Nebeneingang bzw. Notausgang auch ebenerdig zu erreichen), 4 Leseplätze

Bestände (Ende 1997)
8478 Bände, 21 laufend gehaltene Zeitschriften, Mikromaterialien und andere Medien (Sonderdrucke, Tonträger, Dias, Fotos, Filme, Videos, CD-ROM)
Freihandaufstellung (außer andere Medien)

Öffnungszeiten (ganzjährig)
Mi.: 13.00-16.00 Uhr
Do.-Fr.: 10.00-12.00 Uhr und 13.00-16.00 Uhr

Kataloge
Alphabetischer Katalog

Geräte
Mikrofichelesegeräte, Mikrofilmlesegeräte, Readerprinter

Middle East Media Research Institute (MEMRI)

Linienstr.115
10115 Berlin
Telefon: 97893872/-3968
Fax: 97893975
E-Mail: memri@memri.de
Internet: www.memri.de und www.memri.org

Aufgaben und Ziele

Das MEMRI „untersucht aktuelle Ereignisse und Entwicklungen im Nahen Osten. Die Aufgabe des Instituts, welches 1998 in den USA gegründet wurde, besteht darin, über die Geschehnisse und öffentlichen Kontroversen in der Region zu informieren und zu der hiesigen Berichterstattung über die Hintergründe und Zusammenhänge der Entwicklungen beizutragen. Als eine der wenigen unabhängigen und nichtkommerziellen Institutionen, welche umfangreiche Übersetzungen und Analysen arabischer, israelischer und iranischer Medien anbietet, bemüht sich MEMRI um die Überwindung sprachlicher Barrieren. Die Büros in Washington D.C., Jerusalem, London und Berlin stellen Berichte aus erster Hand über gesell-schaftliche Auseinandersetzungen in den verschiedenen Ländern des Nahen Ostens kostenlos zur Verfügung".

Arbeitsschwerpunkte
Studien über arabische Länder, über den Iran und über Israel sowie zur Ökonomie des Nahen Ostens

Veröffentlichungen
Special Dispatch
Inquiry & Analysis
Economic Weekly Analysis

Namık-Kemal-Bibliothek

Adalbertstr. 2
10999 Berlin
Telefon: 50785227

Bestände
Belletristische und Fachliteratur v.a. in türkischer Sprache

Öffnungszeiten
Mo.-Do.: 12.00-19.00 Uhr (Kinder- und Jugendbibliothek 12.00-18.00 Uhr)
Fr.: 12.00-17.00 Uhr

Seminar für Semitistik und Arabistik der Freien Universität
Bibliothek

Altensteinstr. 34
14195 Berlin
Telefon: 83852698

Bibliothekarin
Gity Salami
Telefon: 83853501/1492
E-Mail: Salami@zedat.fu-berlin.de

Sammelgebiete
Semitistik (besonderer Schwerpunkt: aramäisch-syrische Literatur), Arabistik (besonderer Schwerpunkt: klassische arabische Dichtung; moderne arabische, speziell palästinensische Literatur, Samaritanistik, Äthiopistik

Präsenzbibliothek (für Rollstuhlfahrerinnen und -fahrer ist der Zugang ohne fremde Hilfe nicht möglich), 15 Leseplätze

Bestand
ca. 22 000 Bände, 34 Zeitschriften, 205 Mikromaterialien, 462 andere Medien

Öffnungszeiten des Lesesaals
Mo.-Do.: 9.00-16.00 Uhr
Fr.: 9.00-14.00 Uhr

Kataloge
Alphabetischer und Standortkatalog
Geräte
Kopiergerät, Mikrofichelesegerät, Readerprinter

Stiftung Archiv der Parteien und Massen-
organisationen der DDR (SAPMO) im Bundesarchiv
Bibliothek

Finckensteinallee 63
12205 Berlin
Telefon: 018887770781 (Auskunft)
            018887770784 (Lesesaal)

Die Bibliothek verfügt u.a. über frühe sowjetische orientalistische und orientpolitische Zeitschriften wie „Novyi Vostok" sowie über das sehr seltene Blatt „Die Befreiung. Deutsches Sonderheft des ‚Kurtulusch'. Organ der sozialistischen Arbeiter- und Bauernpartei der Türkei" vom Oktober 1919.

Öffnungszeiten
Mo.-Do.: 9.00-19.00 Uhr
Fr.: 9.00-16.00 Uhr

Zentral- und Landesbibliothek Berlin
Amerika-Gedenkbibliothek

Blücherplatz 1
Postfach 610179
10961 Berlin
Telefon: 90226105 (Information)
Fax: 90226139
E-Mail: agb@zlb.de
Internet: http://222.zlb.de

Bestände
Belletristische und Fachliteratur in orientalischen Sprachen, v.a. in Türkisch

Öffnungszeiten
Mo.: 15.00-19.00 Uhr
Di.-Sa.: 11.00-19.00 Uhr
Behindertengerechte Ausstattung

Zentralinstitut Osteuropa-Forschung der Freien Universität
Bereichsbibliothek und Dokumentationszentrum

Bibliothek des Osteuropa-Instituts

Garystr. 55
14195 Berlin
Leihstelle und Auskunft
Telefon: 83855559

Leiter
Michael Rosock
Telefon: 83852069
Fax: 83855251

Die Bibliothek (Freihandaufstellung) ist allgemein zugänglich (für behinderte Be-
nutzer/innen ist sie mit dem Aufzug zugänglich; der Schlüssel ist bei der Leihstelle
erhältlich) und leiht auch außer Haus aus.

Anzahl der Leseplätze
50 (teilweise in Vorlesungsräumen)

Sammelgebiete
Osteuropa, Ostmitteleuropa, Südosteuropa (Geschichte bis 1917/18, Zeitgeschichte,
Pädagogik und Bildungspolitik (bis 1995), Kunst und Kunstpolitik, Recht, Landeskunde (bis 1995), Wirtschaft, Medizin (bis 1985), Soziologie und Philosophie, Politik), Slavistik, Balkanologie

Bestände (Ende 1996)
Ca. 370 000 Bände, 278 laufend gehaltene Zeitschriften, 33 475 Mikromaterialien
und andere Medien (Sonderdrucke, Tonträger, Dias, Fotos, Filme, Videos, CD-
ROM)
Historischer Bestand (vor 1900): ca. 1500 Titel der Slavistik, ca. 1200 Titel der
Osteuropäischen Geschichte, ca. 410 Titel der Balkanologie

Öffnungszeiten (ganzjährig)
Mo.-Fr.: 10.00-17.00 Uhr

Kataloge
Alphabetischer Katalog, Systematischer Katalog, Schlagwortkatalog, Biographi-
scher Katalog, Lesesaal-Katalog (alphabetisch und systematisch), Sammelgebiets-
Sachkataloge (12), Alphabetische Sammelgebietskataloge (7)
Zum historischen Bestand vgl. Handbuch der historischen Buchbestände in
Deutschland. Bd. 14, Teil 1, Berlin 1995, S. 201-202

Geräte
Kopiergeräte, Mikrofiche- und Mikrofilmlesegeräte, Readerprinter, Internet-
Anschluß

Informationen
Führer durch die Bibliothek des Osteuropa-Instituts (Februar 1994)

Dokumentationszentrum des Osteuropa-Instituts

Garystr. 55
14195 Berlin
Raum 302a und 303a

Kommissarische Leitung
Prof. Dr. Segbers
Telefon: 83854058

Bibliographische Auskunft
Frau Baum
Telefon: 83855250

Das Dokumentationszentrum ist allgemein zugänglich.

Arbeitsgebiet
Dokumentation von Literaturnachweisen über Transformationsprozesse im Bereich der UdSSR

Informationsdienste
Fachinformationsverbund Internationale Beziehungen und Länderkunde: Literaturdienst Internationale Beziehungen und Länderkunde (halbmonatlich)

Rußland und die Sowjetunion im deutschsprachigen Schrifttum. Bibliographisches Jahrbuch 1974 (1980) ff. (nicht mehr fortgeführt)

Dokumentationen
Seit 1997 ist das neugeordnete Dokumentationszentrum Mitglied des Fachinformationsverbundes „Internationale Beziehungen/Länderkunde" und erfaßt deutsch-, englisch- und russischsprachige Dokumente zur Modernisierung in der Rußländischen Föderation, Ukraine und Weißrußland.

Den informationssuchenden Benutzerinnen und Benutzern steht damit im Osteuropa-Institut der Zugang zu einem umfangreichen und leistungsfähigen Informationsverbund zum Themenfeld Internationale Beziehungen offen. Positive Synergieeffekte ergeben sich aus dieser Neuordnung auch über eine engere Vernetzung dieser speziellen Osteuropadokumentation mit den Dokumentationsarbeiten am Fachbereich Politische Wissenschaft.

Benutzbar ist darüber hinaus eine früher (bis 31.3.1997) erstellte Online-Datenbank RUSSGUS. Sie enthält, beginnend mit dem Jahr 1975, deutschsprachiges Schrifttum (Monographien, Hochschulschriften, Periodika) aus 25 Sach- und Fachgebieten, soweit es sich auf Rußland, die UdSSR und die Staaten der GUS sowie des Baltikums bezog (derzeitiger Umfang: ca. 175 000 Literaturnachweise). Informationen zu Recherchemöglichkeiten erhalten Sie über die Mitarbeiterinnen und Mitarbeiter des Dokumentationszentrums.

Öffnungszeiten (ganzjährig)
Mo., Di. und Do.: 9.00-16.30 Uhr
Mi.: 9.00-13.00 Uhr
Fr.: 9.00-14.00 Uhr oder nach telefonischer Vereinbarung.

Datenbankrecherche
Werktags außer Mi. ab 13.00 Uhr

Zentrum Moderner Orient
Bibliothek

Kirchweg 33
14129 Berlin

Leiterin
Heidemarie Dengel
Telefon: 80307107
E-Mail: heidemarie.dengel@rz.hu-berlin.de

Die Bibliothek ist eine Präsenzbibliothek. Sie ist für Rollstuhlfahrer/innen ohne
fremde Hilfe zugänglich.

Anzahl der Leseplätze: 8

Sammelgebiete
Die Bibliothek ist als wissenschaftliche Spezialbibliothek für die am Zentrum bear-
beiteten Forschungsprojekte konzipiert und betreibt eine entsprechende Anschaf-
fungspolitik; im Mittelpunkt stehen der Naher Osten sowie die islamisch geprägten
Regionen Afrikas und Südasiens.
Sie verfügt derzeit über ca. 50 000 Bände; darunter befinden sich ca. 4000 Bände
eines indologischen Nachlasses, 10 000 Bände einer Schenkung der Berlin-
Brandenburgischen Akademie der Wissenschaften und 9000 Bände einer Schenkung von Fritz und Gertraud Steppat. Es werden ca. 90 Zeitschriften laufend bezo-
gen. Die Anzahl der Mikromaterialien (Fiches und Filme) beträgt ca. 5400 (vorwiegend zur indischen Geschichte).

Öffnungszeiten
Mo.-Mi.: 9.00-15.30 Uhr
Do.: 9.00-17.00 Uhr
Fr.: 9.00-12.00 Uhr

Kataloge
Alphabetischer Zettelkatalog, alphabetischer und Sachkatalog online (via http://www.zmo.de)

Geräte
PC, Kopierer und Readerprinter

3. ARCHIVE UND ORIENTALISTISCHE NACHLÄSSE

3.1 Staatliche Archive

Bundesarchiv Berlin

Besucheranschrift
Finckensteinallee 63
12205 Berlin

Postanschrift
Postfach 450569
12175 Berlin
Telefon: 01888 7770411
Fax: 01888 7770111
E-Mail: koblenz@barch.bund.de
Internet: http//www.bundesarchiv.de

Bestände
Quellen zu den Beziehungen des Deutschen Reiches mit asiatischen und afrikanischen Ländern sowie zur Wissenschaftsgeschichte bis 1945, vor allem in den Beständen Auswärtiges Amt, Reichskolonialamt, Reichsinnenministerium, Reichsministerium für Erziehung und Wissenschaft; Gelehrten- und Politikernachlässe (s. Orientalistische Nachlässe)

Findmittel
Das Bundesarchiv und seine Bestände. 3. Auflage, Boppard 1977 (dieser Band berücksichtigt nicht die aus dem ehemaligen Zentralen Staatsarchiv Potsdam inzwischen zugeführten Bestände); Übersicht über die Bestände des Deutschen Zentralarchivs Potsdam, Berlin 1957; Ernst Ritter, Quellen zur Geschichte Nordafrikas, Asiens und Ozeaniens in der Bundesrepublik Deutschland bis 1945, München u.a. 1984

Öffnungszeiten
Mo.-Do.: 8.00-19.00 Uhr
Fr.: 8.00-16.00 Uhr
Schriftliche oder telefonische Voranmeldung ist erforderlich.

Stiftung Archiv der Parteien und Massenorganisationen der DDR (SAPMO)

Kontakt über Bundesarchiv

Bestände

Im Historischen Archiv der KPD befinden sich Quellen zur Orientpolitik der Partei und der Kommunistischen Internationale, in den Archivalien vor allem der SED, der FDJ und des FDGB Unterlagen über die nichtstaatlichen Beziehungen zu asiatischen und afrikanischen (Bruder-) Parteien und Massenorganisationen sowie zur Wissenschaftsgeschichte in der DDR.

Findmittel

Die Bestände der Stiftung Archiv der Parteien und Massenorganisationen der DDR im Bundesarchiv, Berlin 1996

Berlin-Brandenburgische Akademie der Wissenschaften Archiv

Jägerstr. 22/23
10117 Berlin
Telefon: 20370221/201
Fax: 20370446
E-Mail: archiv@bbaw.de
Internet: http://www.bbaw.de

Bestände

Unterlagen über orientalistische Projekte und Expeditionen der Preußischen Akademie der Wissenschaften sowie Gelehrtennachlässe, u.a. von Oskar Mann (s. orientalistische Nachlässe)

Findmittel
Am Ort vorhanden

Öffnungszeiten
Mo.-Fr.:8.30-15.45 Uhr

Brandenburgisches Landeshauptarchiv

Besucheranschrift
An der Orangerie 3
14469 Potsdam

Postanschrift
Postfach 600449
14404 Potsdam
Telefon: 0331-5674120
Fax: 0331–5674112
E-Mail: poststelle@blha.brandenburg.de

Bestände
In unterschiedlichen Beständen finden sich Hinweise aus Personen und Personengruppen aus Afrika und Asien, die sich v.a. im 19. und 20. Jahrhundert in Brandenburg aufhielten, u.a. die Gräberlisten des Ehrenfriedhofs Zehrensdorf, auf dem muslimische Gefangene des Ersten Weltkrieges bestattet wurden, sowie Listen mit Namen von Zwangsarbeitern aus der Zeit des Zweiten Weltkriegs.

Findmittel
Übersicht über die Bestände des Brandenburgischen Landeshauptarchivs. Teil 1 und Teil 2, Weimar 1964 und 1967

Öffnungszeiten
Mo., Mi., Fr.: 8.30-15.00 Uhr
Di.und Do.: 8.30-17.30 Uhr
Benutzung nur nach schriftlicher oder telefonischer Voranmeldung
Telefon im Benutzersaal: 0331-5674123

Der Bundesbeauftragte für die Unterlagen des ehemaligen Ministeriums für Staatssicherheit der DDR
Archiv

Besucheranschrift
Glinkastr. 35
10117 Berlin

Postanschrift
Postfach 218
10106 Berlin

Telefon: 01888 6640
Fax: 01888 6647762
E-Mail: post@bstu.bund.de
Internet: http://www.bstu.de
Referate: AU II.7 und AU II.8

Die Benutzung des Archivs ist auf folgendem Wege möglich:
Formlose Anfrage bei den genannten Referaten unter Nennung des Themas und des relevanten Zeitraumes, wenn möglich mit ggf. vorhandenen personenbezogenen Angaben. Beispiel: „Waffenlieferungen der DDR in den Irak zwischen 1968 und 1980. Angaben über den irakischen Verteidigungsminister". etc. Man erhält Auskunft – dies kann sehr lange dauern –, ob und in welchem Umfang Akten existieren. Anschließend kann Einsicht in diese Akten bzw. Aktenkopien genommen werden. Nicht in der Behörde angestellten Wissenschaftlern bzw. Personen ist der Zutritt zu den Verwahrräumen des Archivs selbst verwehrt.

Deutsches Archäologisches Institut
Archiv

Podbielskiallee 69-71
14195 Berlin
Telefon: 01888 77110
Fax: 01888 7711168
E-Mail: archiv@dainst.de

Leiterin
Dr. Antje Krug
E-Mail: archiv@dainst.de

Bestände
„Das Archiv enthält 60 größere und weitere 190 kleinere Nachlässe klassischer und vorderasiatischer Archäologen, Bauforscher, Prähistoriker und Ägyptologen (Umfang: ca. 850 Archivkästen/150 lf. m, darin mehr als 25000 Gelehrtenbriefe sowie Tagebücher, Manuskripte, Zeichnungen). Biographica-Sammlung zu ca. 6300 Archäologen und Altertumsforschern aller Fachrichtungen und aus zahlreichen Ländern, 19. und 20. Jh., zumeist Mitglieder und Stipendiaten des Instituts. Materialien zur Institutsgeschichte (Dokumente, Statuten, Jubiläen, Archäologie-Kongresse 1939 und 1988, Institutsgebäude, Fotos, Filme, Tonbänder). Altregistratur (Akten) des Instituts, vollständig ab 1936, davor sehr lückenhaft (Umfang: ca. 100 lf. m).
Im Archiv der *Orient-Abteilung* werden Grabungsdokumentationen eigener Unternehmungen sowie Nachlässe bedeutender Wissenschaftler der Vorderasiatischen Altertumskunde und Islamischen Kunstgeschichte verwahrt."

Findmittel

Aktenplan (Altregistratur), Briefverzeichnis, Bestandsübersicht (Nachlässe), Nachlaßverzeichnisse, z.T. in elektronischer Form, Regesten eines Teils der Briefsammlungen

Die Benutzung des Archivs ist nach vorheriger Anmeldung möglich. Kopien bzw. Repros können in beschränktem Umfang gegen Kostenerstattung angefertigt werden.

Geheimes Staatsarchiv
Preußischer Kulturbesitz

Archivstr. 12-14
14195 Berlin
Telefon: 8390100
Fax: 83901180

Bestände

Quellen zur Geschichte der Beziehungen Preußens zu Tataren, zum Osmanischen Reich, darunter zu den ostarabischen Provinzen, zu Ägypten und Nordafrika sowie zu Persien seit dem 16. Jahrhundert, vor allem in den Beständen „Auswärtige Beziehungen" und „Ministerium für Auswärtige Angelegenheiten"; Bestand über das Seminar für Orientalische Sprachen (SOS) in Berlin sowie Gelehrtennachlässe, u.a. von Carl Heinrich Becker und Eduard Sachau (s. Orientalistische Nachlässe).

Findmittel

Übersicht über die Bestände des Geheimen Staatsarchivs in Berlin-Dahlem. Band 1 und 2, Berlin 1966-1967

Öffnungszeiten

Mo., Mi.-Fr.: 8.00-15.30 Uhr
Di.: 8.00-19.30 Uhr

Landesarchiv Berlin

Eichborndamm 115-121
13403 Berlin
Telefon: 902640
          90264152 (Lesesaal)
Fax: 90264201

E-Mail: info@landesarchiv.berlin.de
Internet: http://www.landesarchiv-berlin.de

Bestände

Vor allem im Bestand Polizeipräsidium Berlin (bisher im Brandenburgischen Landeshauptarchiv!) finden sich Hinweise auf Einzelpersonen sowie auf Vereine von Menschen aus Afrika und Asien, die sich vor allem im 20. Jahrhundert in Berlin aufgehalten haben.
Die Fotosammlung, die nun auch die Bildarchive des Stadtarchivs und des Landesinstituts für Schule und Medien (ehem. Landesbildstelle) einschließt, enthält reichhaltiges Material über islamisches und „orientalisches" Leben in Berlin.

Findmittel

Das Landesarchiv Berlin und seine Bestände, 2. Aufl., Berlin 1992

Öffnungszeiten

Di.-Do.: 9.00-18.00 Uhr
Fr.: 9.00-15.00 Uhr

Politisches Archiv des Auswärtigen Amtes

Sitz

Postanschrift

Auswärtiges Amt
Politisches Archiv
11013 Berlin

Telefon:
01888 172159 (Sekretariat)
01888 172179 (Lesesaal)
Fax: 01888 173948
E-Mail: 117-r@auswaertiges-amt.de
Internet: http://www.auswaertiges-amt.de/infoservice/politik/archiv_html

Besucheranschrift

Kurstr. 33
10117 Berlin

Bestände

Archivalien des Auswärtigen Amtes seit 1871 und des Ministeriums für Auswärtige Angelegenheiten der DDR u.a. zu den Beziehungen des Deutschen Reiches, der

Bundesrepublik Deutschland und der Deutschen Demokratischen Republik zu den Ländern Afrikas und Asiens sowie zahlreiche Nachlässe von Politikern und Diplomaten (zu letzteren vgl. Orientalistische Nachlässe)

Findmittel

A Catalogue of Files and Microfilms of the German Foreign Ministry Archives 1867-1920, Oxford 1959 bzw. New York 1970
A Catalog of Files and Microfilms of the German Foreign Ministry Archives 1920-1945. Bd. 1-3. Stanford 1962ff.
Diese und weitere Findmittel sind im Lesesaal vorhanden.

Öffnungszeiten

Mo.-Do.: 8.30-16.30 Uhr
Fr.: 8.30-15.00 Uhr
Schriftliche oder telefonische Benutzungsanträge sind erforderlich.

3.2 Universitätsarchive

Mittelasienarchiv
Zentralasien-Seminar der Humboldt-Universität

Luisenstr. 54/55
10117 Berlin
Telefon: 20936655 (Beate Kleinmichel)
Fax: 20936666

Das Zentralasien-Seminar unterhält ein Mittelasien-Archiv, das über eine außerhalb der GUS einzigartige Sammlung von Primär- und Sekundärliteratur zu Mittelasien und dem Wolgagebiet des ausgehenden 19. und frühen 20. Jahrhunderts verfügt, des weiteren über einen großen Bestand von periodischer und grauer Literatur aus Rußland, den Republiken der UdSSR/GUS und aus Afghanistan sowie über dokumentarisches Bild- und Tonmaterial.

Findmittel
Ein Katalog ist in Ausarbeitung

Benutzung des Archivs nach telefonischer Absprache

Universitätsarchiv
Humboldt-Universität

Eichborndamm 113
13403 Berlin
Telefon: 39048319
Fax: 39048310
E-Mail: winfried=schultze@ub.hu-berlin.de
Internet: http://www.ub.hu-berlin.de/bibliothek/archiv

Bestände
Unterlagen über Studierende und Doktoranden aus asiatischen und afrikanischen Ländern an der ehemaligen Friedrich-Wilhelms-Universität sowie der Humboldt-Universität, darunter Promotionsakten sowie Akten von Studentenvereinen; Personalakten und Nachlässe von Orientalisten der Universität, darunter Eduard Sachau, Georg Kampffmeyer und Eugen Mittwoch (s. Orientalistische Nachlässe).

Findmittel
Am Ort vorhanden

Geräte
Readerprinter

Öffnungszeiten
Di.-Do.: 9.00-18.00 Uhr
Mi., Fr.: 9.00-15.00 Uhr
Um telefonische Anmeldung wird gebeten.

3.3 Private Archive

Archiv Dokumentation über Kurdistan bei Awadani e.V.

Nehringstr. 12
14059 Berlin
Telefon: 3215085
Fax: 3215084

Das Kurdistan-Archiv enthält unterschiedliche Dokumente in deutscher, kurdischer, arabischer und persischer Sprache, darunter graue Literatur, die kontinuierlich gesammelt und ausgewertet wird.

Archiv für Forschung und Dokumentation e.V.

Waldemarstr. 36
10999 Berlin
Telefon/Fax: 61403948
E-Mail: iranarchiv@gmx.de
Internet: http://www.afdi.de

Bestände
Iranische wissenschaftliche und Sachbücher sowie schöne Literatur, hauptsächlich aus Spenden; aus der Zeit nach der Islamischen Revolution in Iran graue Literatur über die linke Bewegung, sporadisch auch Tageszeitungen und Zeitschriften. In jüngster Zeit wurde mit einer systematischen Archivierung begonnen.

Berliner Missionswerk
Archiv

c/o Kirchliches Archivzentrum Berlin
Bethaniendamm 29
10997 Berlin
Telefon: 2250450
Fax: 22504510
Internet: http://www.ekibb.com/medien/archiv

Kontakt
Dr. Wolfgang Krogel (Tel. 22504530)

„Die fast 170jährige Geschichte der Berliner Mission ist durch Tagebuchaufzeich-
nungen, Quartals- und Jahresberichte, Korrespondenzen, auch Zeichnungen, Karten
sowie 16 000 Fotografien fast vollständig dokumentiert. Zu dem großen Archivbestand gehören eine kleine Sammlung von Ethnographica und Druckplatten (Kli-
schees). Das Archiv mit seinen Zeugnissen der missionarischen Tätigkeit, den Quellen zur Geschichte, Kultur und Religion der einzelnen Völker, bietet eine Fundgru-
be für Historiker, Theologen, Ethnologen, Linguisten, Soziologen, Kulturwissenschaftler, Geographen, Sinologen, Afrikanisten sowie Wirtschafts- und Medizinhis-
toriker. Das Archiv umfaßt 350 laufende Meter Akten."

Öffnungszeiten
Mo.-Do.: 9.00-16.00 Uhr
Fr.: 9.00-14.00 Uhr

Deutsche Orient-Gesellschaft
Archiv

Standort
Vorderasiatisches Museum
Bodestr.1-3
10178 Berlin
Telefon: 20905301
Fax: 20905302
E-Mail: vam@smb.spk-berlin.de

Die Benutzung des Archivs der Deutschen Orient-Gesellschaft (DOG) ist nur nach
Genehmigung durch deren Vorstand möglich. Der Antrag ist an den Vorsitzenden
der DOG, Herrn Prof. Dr. Jan-Waalke Meyer, Archäologisches Institut, Vorderasiatische Archäologie, Universität Frankfurt, Gräfstr.74 VIII, 60054 Frankfurt/M. (Telefon: 069-79832317, Fax: 069-79825009) zu richten. Der Vorstand tritt dreimal
jährlich zusammen.

Institut für kurdische Studien e.V.
Archiv

Postfach 1249
12122 Berlin
Telefon/Fax: 8219943

Bestände

Zeitschriften, Zeitungen (darunter auch die ersten kurdischen Zeitungen ab Ende des 19. Jahrhunderts), Handschriften, Mikrofilme, Videodokumentationen, Musikkassetten.

Darüber hinaus besteht – und wird weitergeführt – ein Stichwortverzeichnis (Karteikärtchen) mit über 300 000 kurdischen Wörtern und Begriffen mit genauen Quellenangaben, die zum größten Teil schon elektronisch erfaßt sind.

Islam-Institut Berlin

c/o Hassan Haacke
Pillnitzer Weg 24
13593 Berlin
Telefon: 36436061
Fax: 36436062
E-Mail: Islam-Institut_Berlin@t-online.de

Die Sammlung enthält deutschsprachige Literatur und andere Quellen über den Islam in Deutschland. Es werden Beratungen von Muslimen angeboten und durchgeführt.

Um Anmeldung wird gebeten.

Papiertiger
Archiv und Bibliothek

Cuvrystr. 25
10997 Berlin
Telefon/Fax: 6183051
E-Mail: papiertiger@web.de
Internet: http://www.archiv-papiertiger.de

Bestand

Bücher, Zeitschriften, Zeitungen, Broschüren, Flugblätter und Plakate sozialer Bewegungen im In- und Ausland. Themen werden von besonderen Archivgruppen aufgearbeitet, die ihre Ergebnisse in Veröffentlichungen, Veranstaltungen oder Videos vorstellen, so z.B. 1998 zusammen mit dem Internationalen Verein für Menschenrechte der Kurden IMK e.V. Bonn die Dokumentation „Bandenrepublik Türkei? Der Susurluk-Bericht des Ministerialinspektors Kutlu Savaş".

Öffnungszeiten

Mo.: 14.30-18.00 Uhr
Do.: 14.30-18.00 Uhr
jeden 2. und 4. Freitag: 16.00-20.00 Uhr

3.4 Bildarchive

Bildarchiv
Preußischer Kulturbesitz

Märkisches Ufer 16-18
10179 Berlin
Telefon: 2787920
Fax: 27879239
E-Mail: bildarchiv@bpk.spk-berlin.de
Internet:http://www.bildarchiv-bpk.de

Bestände

Das BPK ist ein historisches Universalarchiv mit ca. 11 Millionen Bildvorlagen in Farbe und schwarzweiß. Es umfaßt die Antike, Frühgeschichte bis zur Gegenwart, mit Motiven für Medien, Kultur, Werbung, Wissenschaft und Wirtschaft; Porträts aus den Bereichen Film, Kunst, Theater, Literatur, Adel, Militär, Politik und Wissenschaft von der Antike bis heute; Geographie und Völkerkunde mit Städten, Landschaften und Architektur aus aller Welt und Schwerpunkt Berlin. Es finden sich Porträts historischer und aktueller Persönlichkeiten aus Afrika und Asien, ebenso Städte- und Landschaftsbilder aus diesen Gebieten; z.B. ist die Orientreise Kaiser Wilhelms II. im Jahre 1898 dokumentiert.
Die Bestände werden kontinuierlich ergänzt durch Ankauf von fotografischem Material, darunter komplette Bestände von Fotografen etc.

Findmittel

Karteikärtchen mit Schlagworten, geschichtlichen Ereignissen, Personennamen und topographischen Angaben

Öffnungszeiten

Mo.-Do.: 9.00-17.00 Uhr
Fr.: 9.00-16.00 Uhr
Anmeldung erwünscht

Landesinstitut für Schule und Medien (ehem. Landesbildstelle)

Besucheranschrift
Wikingerufer 7
10555 Berlin

Postanschrift
Postfach 210607
10506 Berlin
Telefon: 901930
Fax: 90193349
E-Mail: post@lisum.be.schule.de
Internet: http://www.lisum.de

Bildarchiv
Findmittel: Das Archiv wird ohne Katalog geführt. Daher muß nach Stichwörtern gefragt bzw. gesucht werden.
Beispiel:
a) im Archivkasten Soziale Gruppe 105 (die Signatur 5 steht für nach 1945, 10 für 1990 - Wiedervereinigung): Fotografien, die geordnet sind nach Ausländische Mitbürger, Türken, Gastarbeiter in Berlin;
b) im Archivkasten 1 Dem, Demonstrationen von Januar 1967 bis August 1967: Fotografien von Demonstrationen gegen den Schahbesuch, chronologisch geordnet. Zusätzlich im Archivkasten 6 BB, Berlinbesucher: das persische Kaiserpaar 1967;
c) im Archivkasten Rel 019 (vor 1945), 19 (nach 1945 Westberlin), 39 (nach 1945 Ostberlin), 1019 (Ost/West nach der Wiedervereinigung 1990): Moscheen, wie die Ahmadiyya-Moschee, die Friedhofsmoschee, Mevlana-Moschee, Muradiye-Moschee, Selamiye-Moschee usw.;
d) im Archivkasten 4 Fr, Friedhöfe: der islamische Friedhof am Columbiadamm.

Die Nutzung der Aufnahmen bedarf der Genehmigung und ist in der Regel entgeltpflichtig. Anders als beim Ullstein Bilderdienst können auch privat Fotos erworben werden, die nicht zur Veröffentlichung bestimmt sind.

Öffnungszeiten
Mo, Di, Do., Fr: 9.00-15.00 Uhr
Mi: 9.00-12.00 Uhr

Verleih
Levetzowstr. 1-2
10555 Berlin
Verliehen werden Filme, Dias, Arbeitstransparentreihen, Kassettentonbänder, CD etc. Da die Materialien im zentralen Katalog unter verschiedenen Sachgebieten geordnet sind, ähnlich den Schulfächern (das Archiv dient in erster Linie dazu, Lehrmaterial für die Schulen zu liefern), wie Geographie, Religion, Sozialkunde, Umwelt, ist es zeitsparender, gleich den elektronischen Suchdienst zu benutzen.
Hier ist eine Vielzahl von Dias und Filmen z. B. über Ägypten zu finden (mit dem Schwerpunkt auf Kunst im Alten Ägypten). Über das moderne Ägypten existieren Kurzfilme über den Assuan-Staudamm und seine Folgen, Probleme eines Entwick-

lungslandes, über den Verteilungskampf um Wasser (Israel, Türkei, Syrien, Irak, Ägypten) sowie über Umwelt und Stadtentwicklung Kairos. Das Thema Nahost-Konflikt ist stark unterbelichtet. Es sind bislang nur eine einzige Videoproduktion von 1994 über das Gaza-Jericho-Abkommen und ein Film von 1986 „Szenen aus dem israelisch-palästinensischen Konflikt" vorhanden. Darüber hinaus ist im Bestand eine sehr umfangreiche Serie „Alltag ohne Frieden, Menschen im Nahostkonflikt" von 1976 zu finden. Eine türkisch-deutsche Hörspielserie berät über Leben und Arbeit in Berlin. Ebenfalls auf Kassette finden sich im Bestand Interviews mit türkischen Frauen. Weiterhin: Spiel- und Dokumentarfilme über Ausländer in Berlin, Fragen der Integration, Gastarbeiter, soziale Lage (insgesamt 20 Filme/Videokassetten).

Öffnungszeiten
Mo., Di.: 9.00-15.00 Uhr
Mi.: geschlossen
Do.: 9.00-18.00 Uhr
Fr.: 9.00-15 Uhr

Ullstein Bilderdienst

Axel-Springer-Str. 65
10888 Berlin
Telefon: 259173609
Fax: 259173896
E-Mail: kontakt@ullsteinbild.de
Internet: www.ullsteinbild.de

Zeitdokumentarische Universal-Bildagentur für die Printmedien, Film und Fernsehen, elektronische Medien, Museen und öffentliche Institutionen, Unternehmen und die Werbung.Sammlung von fast 17 Mill. Motiven von heute bis zu den Anfängen der Fotografie, davon über 300 000 digital auf Datenbanken. Monatlich kommen 5000 neue Bilder hinzu.
Schwerpunkte bilden die deutsche Geschichte und Politik bis heute, Personen, Berlin, Wirtschaft und Industrie, Symbol- und Alltagsbilder sowie Luftbilder.
Bildbestellung telefonisch oder brieflich, per Fax oder E-Mail mit möglichst konkreter Angabe der Themen und der Größe der Auswahlsendung; die Recherche und leihweise Überlassung der Bilder ist kostenpflichtig, die Lieferung kann digital via E-Mail bzw. mit der Post oder per Kurier erfolgen.
Archivbesuche sind nur nach vorheriger Terminvereinbarung, Übersendung einer Themenliste und Beauftragung zur Recherche möglich und kostenpflichtig.
Die Recherche auf der Web-Datenbank unter www.ullsteinbild.de ist kostenlos und unverbindlich.
Die Nutzungshonorare richten sich nach Medium, Abbildungsformat, Auflage/Reichweite, Dauer etc. und werden in verschiedenen Preislisten transparent aufgeschlüsselt.

3.5 Filmarchive

Bundesarchiv - Filmarchiv

Besucheranschrift
Fehrbelliner Platz 3
10707 Berlin

Postanschrift
Postfach 310867
10636 Berlin

Tel.: 0188877700
Fax: 018887770999
E-Mail: filmarchiv@barch.bund.de

Bestände
Dokumentar- und Spielfilme, Filmdokumentationen, Wochenschauen etc.

Findmittel
Die Westbestände sind im Findraum nach Persönlichkeiten, Filmtiteln, Orten und
Stichworten auf Karteikarten geordnet; die Ostbestände sind noch nicht erfaßt.
Im Findraum sind darüber hinaus die „Filmbibliografischen Jahresberichte" von
1965 bis 1990, zusammengestellt und bearbeitet vom staatlichen Filmarchiv der
DDR, einzusehen. Darin enthalten sind die Dokumentarfilme, Spielfilme, Kurzfilme, die in den DEFA-Studios hergestellt wurden. Ebenfalls hier zu finden sind ausländische Filme, die von der DEFA synchronisiert wurden, bzw. Gemeinschafts-
produktionen (z.B. ägyptische, syrische und tunesische) und von der DEFA im Auftrag des DDR-Fernsehens produzierte Filme. Der Katalog enthält auch die Filme
der Hochschule für Film und Fernsehen „Konrad Wolf".
Neben dem Karteikartenarchiv gibt es im Findraum noch Aktenordner zu Dokumentarfilmen ab 1919 und Aktenordner über die verschiedenen Wochenschauen
vom Anfang des 20. Jahrhunderts.
Die Wochenschauen sind nach Datum, Thema, Inhalt und technischen Daten auf je
einem Blatt erfaßt.
Die thematische Suche läuft in der Regel über das Karteikartenarchiv. Beispiel:
Unter Angaben zu Orten, wie Kairo, Damaskus oder Aleppo, sind u.a. die Bombar-
dierung von Damaskus 1925 (Wochenschau) oder „aus der Arbeit Dr. Lepsius,
Deutsche Orientmission" Aufnahmen über die armenischen Flüchtlinge in Aleppo
(Dokumentarfilm von 1930) zu finden.
Zu allen Spielfilmen und Dokumentarfilmen, die öffentlich gezeigt wurden, exis-
tiert zusätzlich eine Zensurkarte. Sie wurde von der Deutschen Filmprüfstelle, die
bis 1945 existierte, ausgestellt und enthält technische Daten des Films, mitunter
Inhaltsangaben und Aussagen, ob der Film ein Prädikat erhielt.
Hinweis: Es sind nicht alle Filme im Bundesarchiv vorhanden. Aus dem o.g. Kata-
log geht nicht hervor, wo genau sich welche Filme befinden. Es empfiehlt sich da-

her, im voraus anzufragen, ob der gesuchte Film im Bundesarchiv vorhanden ist oder sich beim PROGRESS Film-Verleih (siehe dort) befindet, der die DEFA-Filme im Auftrag der DEFA-Stiftung verwaltet. Informationen über arabische Dokumentarfilme, die jährlich auf dem Retrospektivefestival in Leipzig gezeigt wurden, können in der Bibliothek des Filmarchivs an Hand der Festivalprogramme (Titel und Regisseure) recherchiert werden. Daraufhin kann eine Anfrage über das Vorhandensein des jeweiligen Films im Archiv gestellt werden. Zumeist wurden allerdings die Filme wieder in die Herkunftsländer zurückgeschickt.

Für die Benutzung von Archivgut werden Kosten (Gebühren für die Bearbeitung von Anfragen etc. und Auslagen) nach der Bundesarchiv-Kostenverordnung erhoben.

Öffnungszeiten
Mo.-Do.: 08.00-15.00 Uhr
Fr.: 08.00-13.30 Uhr

PROGRESS Film-Verleih GmbH

Burgstr. 27
10178 Berlin

Verleih/Disposition:
Telefon: 24003400
Fax: 24003499

Öffentlichkeitsarbeit:
Telefon: 24003471
Fax: 24003479

E-Mail: verleih@progress-film.de
Internet: http://www.progress-film.de

Während die Anfang 1999 ins Leben gerufene DEFA-Stiftung die Eigentümerin aller Rechte ist, wertet PROGRESS das Filmerbe der DDR aus. Als Lizenzinhaber der gesamten in der DDR entstandenen Produktionen verfügt PROGRESS über einen der größten Filmstocks in Europa. In mehreren Tausend Spiel- und Kinderfilmen, Wochenschauen und Dokumentarfilmen spiegelt sich nicht nur Filmkunst, sondern auch Alltag aus vierzig Jahren DDR sowie Weltgeschehen.

Stiftung Deutsche Kinemathek – Filmmuseum Berlin

Potsdamer Str.2
10785 Berlin
Telefon: 300903-0
Fax: 30090313
Internet: http://www.filmmuseum-berlin.de

Zur Stiftung gehören eine Bibliothek mit Presse- und Zeitungsarchiv, ein Filmarchiv, ein Fotoarchiv, ein Schriftgutarchiv und eine Nachlaßsammlung

Bibliothek
Email: bibliothek@filmmuseum-berlin.de

Schlagwortregister (kurze Auswahl von A bis Z):
Amateurfilm, Avantegardefilm, Cinema, Dokumentarfilm, Drehbuch, Entwicklungs-
länder (mit Unterverzeichnis: 3. Welt, Kolonialismus, Eros u.a.), Exil, Fantastischer
Film, Feministischer Film, Festspiele, Filmpresse, Filmschulen, Institute, Museen, Me-
dienkonzentration, Persönlichkeiten (dort findet man auch arabische Filmemacher wie
Yussuf Chahine und Omar Amiralay), Realismus, Remakes, Underground, Werbung

Systematik (Auswahl):
1. Nachschlagewerke, 2. Film- und Fernsehgeschichte, 3. Richtungen und Gattun-
gen, 4. Film und Fernsehen als Kunst, 5. Biographien, 6. Drehbücher ... 10. Angrenzende Sachgebiete
Die einzelnen Kategorien sind in sich noch einmal in verschiedene Teilgebiete unterteilt.

Länderkatalog
Alle Länder, darunter auch Syrien, Tunesien oder Palästina, haben eine Ländersig-
natur. Die Filmtitel sind in alphabetischer Reihenfolge verzeichnet.

Pressearchiv
Wird seit 1966 systematisch geführt. Ausgewertet werden wichtige deutsche und
internationale Zeitungen, darunter Frankfurter Rundschau, Frankfurter Allgemeine
Zeitung, Süddeutsche Zeitung, taz, Berliner Zeitung, Berliner Morgenpost, Neues
Deutschland, Die Welt, Neue Zürcher Zeitung, Die Zeit, Le Monde.
Gliederung der Systematik:
1. Rezension, 2. Personen, 3. Film- und Fernsehkritiken, 4. Wettbewerbe, 5. Länder,
6. Film- und Fernsehanalysen, 7. Film, Fernsehen und Gesellschaft in der BRD,
8. Wirtschaft und Organisation des Film und Fernsehens, 9. Film- und Fernsehtech-
nik, 10. Ausbildungsstätten, nichtkommerzielle Spielstellen und Archive, Berufe.
Unter Nr. 5, Länder, werden Zeitungsausschnitte über Filme und Filmgeschehen
sowohl im Iran, als auch von Marokko bis Tunesien gesammelt.

Zeitschriftenarchiv

Es umfaßt internationale Filmzeitschriften (auch aktuelle) und reicht bis in die 1920er Jahre zurück.

Öffnungszeiten

Di., Mi., Fr.: 10.00-18.00 Uhr
Do.: 12.00-20.00 Uhr

Filmarchiv

Verantwortlich: Holger Theuerkauf
E-Mail: h.theuerkauf@filmmuseum-berlin.de
Es besteht die Möglichkeit, in den Räumen der Stiftung Videofilme anzusehen. Eine Ausleihe von Filmen (Videos) ist nicht möglich.
Der Archivkasten ist alphabetisch und nach Ländern gegliedert.
Beispiele: Unter dem Stichwort Ägypten ist (nur) ein Film zu finden: Yussuf Chahines „Bab al-Hadid" und eine alte deutsche Wochenschau über Kairo. Unter Iran findet man einen alten iranischen Film ohne Regisseurangabe.
Im Gegensatz zur Bibliothek ist dieses Material noch nicht elektronisch erfaßt.

Fotoarchiv

Verantwortlich: Wolfgang Theis
E-Mail: w.theis@filmmuseum-berlin.de
1,5. Mill. Fotos, Szenen und Werkfotos zu Filmen, Porträts

Schriftgutarchiv

Verantwortlich: Regina Hoffmann
Das Schriftgutarchiv umfaßt Graue Literatur, unveröffentlichte Manuskripte und Drehbücher etc. Die Sammlung enthält auch Material über Filme (Infos, Pressestellungnahmen, Presseinformationen, Filmbeschreibungen etc.), das nach Filmfestivals und Wettbewerben an die Kinemathek gegeben wird.

Nachlässe

Verantwortlich: Gerrit Thies
E-Mail: g.thies@filmmuseum-berlin.de
Die Stiftung bewahrt Nachlässe von Kameraleuten, Regisseuren und sonstigen Filmschaffenden auf. Nach Aussagen von Herrn Thies gibt es einen Bezug zum Orient, u.a. hinsichtlich einiger Expeditionsfilme oder weil u.a. Kairo bzw. Ägypten zu Beginn des 20. Jahrhunderts als ein bei Europäern beliebtes orientalistisches Ambiente galt. Es existiert noch keine Systematik.

Öffnungszeiten für Foto- und Schriftgutarchive und Nachlässe
Di.-Do.: 10.00-13.00 und 14.00-17.00 Uhr
Fr.: 10.00-13.00 Uhr.
Voranmeldung erwünscht

Freunde der Deutschen Kinemathek e.V.

Potsdamer Str.2
10785 Berlin
Telefon: 26955100
Fax: 26955111
E-Mail: fdk@fdk-berlin.de
Internet: http://www.fdk-berlin.de

Der Verein Freunde der Deutschen Kinemathek wurde 1963 gegründet. Er betreibt das Kino Arsenal, veranstaltet im Rahmen der Berliner Filmfestspiele das Internationale Forum des Jungen Films, verleiht Filme und gibt eigene Publikationen heraus. Der Verein unterhält ein Archiv für Filme und Regisseure u.a. aus Iran, der Türkei und den arabischen Ländern. Im Programm des Arsenal befinden sich auch iranische, türkische und arabische Filme.

3.6 Ton-, Schall- bzw. Lautarchive

Deutsches Rundfunkarchiv

Marlene-Dietrich-Allee 20
14482 Potsdam-Babelsberg
Telefon: 0331-58120
Fax: 0331-5812199
E-Mail: sekretariat@dra.de
Internet: http://www.dra.de

Standortleitung: Dr. Peter-Paul Schneider (Tel. 0331-5812103)
Abteilung Information und Dokumentation: Dr. Hans Peter Jäger (Te.. 0331-5812201
Abteilung Bestände und Nutzung: Sigrid Ritter (Tel. 0331-5812120)
Betriebsorganisation, EDV und AV-Technik: Monika Brandenstein (Tel. 0331-5812301)

Bestandsgruppen

Bildarchiv

Entstanden ist das Bildarchiv aus dem ehemaligen Berliner Scherl-Bilderdienst. Es überliefert heute Bildmaterial aus dem Zeitraum 1912-1991. Die Bestände setzen sich zusammen aus den Bildsammlungen der Zentralen Bildredaktion, der Bildredaktion der Presseabteilung/Öffentlichkeitsarbeit, dem Negativarchiv der Studiotechnik Fernsehen sowie weiteren Bildsammlungen der Programmredaktionen und Produktionsabteilungen des Fernsehens der DDR.
Bildträger: 260 000 Fotos, 2,3 Mill. Negative und Kontaktabzüge sowie 70 000 Dias von der ersten Nachrichtensendung 1952 bis zur letzten Fernsehproduktion 1991

Gedruckte Medien

Die breitgefächerten Ausschnittsammlungen des Rundfunks der DDR und des Deutschen Fernsehfunks (DFF), die nunmehr als historische Quellensammlung, aber auch als Informationspool zur Rundfunk- und Zeitgeschichte zur Verfügung stehen, gliedern sich in einen geographisch-systematischen Teil mit medientypisch breit angelegter Sachthematik sowie Personalia, darunter Dossiers zu Künstlern, Politikern und anderen Personen der Zeitgeschichte, nicht nur der DDR.

Bibliothek

Ca. 9000 Bände zu rundfunkspezifischen Themen, besonders zur Rundfunkgeschichte der DDR

Fernsehen

Der Archivbestand Fernsehen umfaßt alle Eigen-, Co- und Auftragsproduktionen des Deutschen Fernsehfunks bzw. des DDR-Fernsehens, an denen der DFF Ausstrahlungsrechte hatte. Fremdproduktionen sind in der Regel nicht in diesen Beständen zu finden.

Die Bestände reichen zeitlich zurück zur ersten Sendung des DFF am 21.12.1952 und enden mit der Einstellung des Sendebetriebs am 31.12.1991. Sie enthalten ca. 100 000 Titel mit z.T. mehreren Beiträgen und 60 000 Sujets (Nachrichtenbeiträge).

Das Archiv umfaßt vor allem Sujets und Sendemitschnitte der täglichen Nachrichtensendung des DFF, der „Aktuellen Kamera", die im Dezember 1990 vom „Journal" abgelöst wurde; weiterhin das innenpolitische Magazin „Prisma" (1963-1991), das militärpolitische Magazin „Radar" (1978-1989), das außenpolitische Magazin „Objektiv" (1973-1989), den „Schwarzen Kanal" (seit 1969), das „Kulturmagazin" (1973-1991) u.a.

Ebenfalls hier befinden sich die Eigenproduktionen des DDR Fernsehens und die Hörfunkprogramme.

Das Fernseharchiv umfaßt die Jahre 1952 bis 1991, das Hörfunkarchiv die Zeit von 1945 bis 1991, einschließlich des Materials von Radio Berlin International (RBI).

Das Pressearchiv mit rund 5 Mill. Ausschnitten umfaßt die Jahre 1945-1991.

Tonträger Musik

In viereinhalb Jahrzehnten wurden nahezu alle wichtigen Musikveranstaltungen in der DDR aufgezeichnet, darunter die Konzerte der Rundfunkklangkörper, des Gewandhausorchesters Leipzig, Veranstaltungen von den Festivals des politischen Liedes, das Internationale Dixielandfestival in Dresden. Daneben existieren ab 1950 etwa 15 000 gestaltete Wort- und Musiksendungen.

Ferner sind ca. 138 000 Studioproduktionen aller Musikgenres mit bedeutenden Musikern und Formationen der DDR dokumentiert, die nur in diesem Archiv zu finden sind.

Das Fernsehmusikarchiv umfaßt u.a. die Originalmusiken für die Fernsehproduktionen und Musiken zu Kinderfilmen.

Tonträger Wort

Es enthält Tondokumente mit hohem zeit- und rundfunkgeschichtlichem Wert. Unter anderem sind hier zu finden: Sendereihen und Einzelsendungen aller journalistischen Genres wie Kultur, Wissenschaft, Politik, Jugend etc. (auch Radio International Berlin), Hörspielbestände von 7000 Produktionen, daneben aber auch Mitschnitte wichtiger kultureller und zeitgeschichtlicher Verabstaltungen der DDR, namentlich der „Wende"-Zeit.

Schriftgut

Der Bestand umfaßt gegenwärtig insgesamt ca. 7600 laufende Meter Aktenüberlieferung, bestehend aus Verwaltungs- und Programmschriftgut vom Funkhaus Berlin und vom Deutschen Fernsehfunk sowie der ehemaligen Bezirkssender der DDR.

Hinzu kommen die Deposita des Senders Freies Berlin und des ehemaligen RIAS Berlin.

Findmittel

Die Materialen werden in Datei banken formal erfaßt und inhaltlich erschlossen. Es existieren ausser auch konventionelle Fundhilfen in Form von Kartei-karten etc.

Nutzung

Die Nutzung ist nach schriftlicher oder telefonischer Anmeldung möglich. Es gilt die Gebührenordnung. Die Benutzung des Archivs muß schriftlich beantragt wer-den.

Lautarchiv

Humboldt-Universität zu Berlin

Kupfergraben 5
10099 Berlin
Telefon: 20935875
Fax: 20932183

„Die gegen Ende des 19. Jahrhunderts entwickelten Möglichkeiten, Schallereignisse in einer reproduzierbaren Form zu konservieren, eröffneten ein ganz neues Feld wissenschaftlicher Sammeltätigkeit, in deren Folge das Lautarchiv entstand. Die heute zum Musikwissenschaftlichen Seminar der Humboldt-Universität gehörende Sammlung von Schellackplatten wurde am 1. April 1920 als Lautabteilung an der Preußischen Staatsbibliothek gegründet. Die mit dem Aufbau einer solchen Samm-lung verbundenen Aufgaben formulierte ihr Initiator und erster Direktor Wilhelm Doegen bereits 1914 in einem Antrag an das Kultusministerium. Demnach sollten »1. Sprachen sämtlicher Völker der Erde; 2. Sämtliche deutsche Mundarten; 3. Mu-sik und Gesang sämtlicher Völker der Erde; 4. Stimmen der großen Persönlichkei-ten; 5. Verschiedenes« gesammelt werden. Dieser Antrag bildete die Grundlage zur »Kgl. Preuss. Phonographischen Kommission«. In geheimer Mission führte sie von 1915 bis 1918 in deutschen Kriegsgefangenenlagern unter den Internierten Sprach- und Musikaufnahmen durch, um innerhalb kurzer Zeit eine vielschichtige Samm-lung fremder Sprachen und Musikstile anzulegen.
Die Gründung der Lautabteilung diente zunächst dem Zweck, die grammophoni-schen Aufnahmen der Phonographischen Kommission unterzubringen und zu bear-beiten. Neben dieser Sammlung wurde auch die von Doegen ab 1917 aufgebaute Stimmensammlung zur Autographensammlung Ludwig Darmstädters in die neu geschaffene Abteilung eingebracht. Sie umfasst Stimmporträts berühmter Persön-lichkeiten. Mit einer eigenständigen Sammeltätigkeit der Lautabteilung wurde 1922 begonnen. Zur Dokumentation jeder Aufnahme gehören ein Personalbogen nebst

Transkriptionen und gegebenenfalls Übersetzungen. Ferner gibt es Testaufnahmen sowie Platten aus der frühen Aufnahmephase Doegens, die in Verbindung mit seinen Unterrichtswerken als Sprachlehrer stehen.
Die Aufsicht über die Lautabteilung wurde 1931 der Friedrich-Wilhelms-Universität zugesprochen. Nachdem 1934 der Afrikanist und Phonetiker Diedrich Westermann die Leitung der Lautabteilung übernommen hatte, führte Doegen keine weiteren Aufnahmen mehr durch. Als »Institut für Lautforschung« wurde es durch Westermann als Lehr- und Forschungsstätte für Phonetik in die Universität integriert und 1935 in die Abteilungen für Linguistik, Musik und Phonetisches Laboratorium unterteilt, denen jeweils ein Fachwissenschaftler vorstand. Nach 1945 wurde das Institut mehrfach umbenannt und in andere Institutionen eingebunden, wobei es schließlich seine Selbständigkeit verlor. 1975 ermöglichte Jürgen Elsner eine Unterbringung der Sammlung in den Räumen des musikwissenschaftlichen Instituts. Dieter Mehnert betreute sie in den 90er Jahren. Die aufgrund des Alters der Aufnahmen und ihrer inhaltlichen Zusammenstellung als einzigartig zu bezeichnende Sammlung ist für alle Wissenschaften von unschätzbarem Wert, die sich mit Sprache und Musik auseinander setzen, auch historisch ist sie von großem Nutzen. Zur Zeit werden die Bestände mit Unterstützung der Volkswagen-Stiftung erschlossen, um sie der Forschung leichter zugänglich machen zu können.

Wilhelm Doegen und die Phonographische Kommission
Während seiner Tätigkeit als Sprachlehrer brachte Doegen in Kooperation mit der Schallplattenfirma Odeon 1904 eine *Einführung in die englische Sprache* heraus, der 1909 ein Sprachkurs in der mehrbändigen Reihe *Doegens Unterrichtshefte für die selbständige Erlernung fremder Sprachen mit Hilfe der Lautschrift und der Sprechmaschine* folgte. Zudem wurden Werke mit Klassikern der englischen und französischen Literatur, von muttersprachlichen Schauspielern gesprochen, für den Schulunterricht herausgegeben. Auf der Weltausstellung in Brüssel 1910 erhielt Doegen für seine Idee, Schallplatten als Material für Forschung und Lehre einzusetzen, die Silberne Medaille. Der große Erfolg seiner »Lautplatten« veranlasste ihn 1914, seine »Vorschläge für die Errichtung eines Kgl. Preußischen Phonetischen Instituts« zu formulieren, die die Bildung der Phonographischen Kommission nach sich zogen. Die Kriegssituation sollte dazu genutzt werden, sowohl die etwa 250 Sprachen, die unter den Internierten der Kriegsgefangenenlager gesprochen wurden, als auch ihre traditionelle Musik systematisch aufzunehmen und zu bearbeiten. Unter dem Vorsitz von Carl Stumpf – Psychologe, Akustiker und Gründer des Berliner Phonogramm-Archivs – wurde diese Kommission aus mehr als dreißig namhaften Anthropologen sowie Sprach- und Musikwissenschaftlern zusammengestellt. Die Organisation und Durchführung des Projektes oblag Doegen. Der Musikwissenschaftler Georg Schünemann führte auf Wunsch Carl Stumpfs mit dem Phonographen (Kat.-Nr. 8/9 u. 8/10) ausschließlich Musikaufnahmen durch. Auf diese Weise sind in dem Zeitraum vom 29. Dezember 1915 bis zum 19. Dezember 1918 neben den 1651 grammophonischen Sprach- und Musikaufnahmen Doegens 1022 Wachswalzen durch Schünemann bespielt worden. Die Walzen gelangten nach der von Doegen initiierten Trennung der Sammlung in das Phonogramm-Archiv."

Bestände

Sprachaufnahmen verschiedener Sprachen und Mundarten (Auswahl nach den Eintragungen in den Arbeitsbüchern): Afghanisch, Afrikaans, Arabisch, Armenisch, Belutschisch, Bengali, Berberisch, Haussa, Hebräisch, Hindi, Indonesisch, Iranisch, Jiddisch, Kurdisch usw.

Musikaufnahmen: Kaukasien (42 Platten), Türkei (10 Platten), Afghanistan (8 Platten), Indien (58 Platten), Afrika (72 Platten)

Die Datenbestände werden zur Zeit digital erfaßt.

Das Archiv ist nicht öffentlich, die Nutzung nach telefonischer Anmeldung möglich.

Deutsches Musikarchiv
Deutsche Bibliothek

Gärtnerstraße
12207 Berlin
Telefon: 770020
Fax: 77002299
Email: info@dma.ddb.de
Internet: http://www.ddb.de

Bestände

Das Deutsche Musikarchiv ist die zentrale Quellensammlung der Musik in Deutschland. Es sammelt Musikalien und Musiktonträger und ist für bibliographische Verzeichnisse zuständig. Die Musikverleger und Tonträgerhersteller sind verpflichtet, von ihren in Deutschland produzierten Neuerscheinungen zwei Pflichtexemplare abzuliefern.

Der Bereich der arabischen Musik umfaßt deutsche Produktionen, die von klassischen Muwassahat-Aufnahmen marokkanisch-spanischer Gruppen aufgenommen wurden, des Aleppiner Sängers Sabri Mudallal bis zu solchen neuerer Musiker wie Anwar Brahem und Rabia Abu Khalil sowie der sudanesischen Gruppe „'Iqd al-Djilad".

Findmittel

Befinden sich am Ort.

Öffnungszeiten

Mo.-Do.: 9.00-15.00 Uhr
Fr.: 9.00-14.00 Uhr
sowie nach Vereinbarung

3.7 Orientalistische Nachlässe*

Baiew, Georg Gappo (1869 – 1939)
Iranist

Verwahrungsort: Staatsbibliothek, Preußischer Kulturbesitz, Handschriftenabteilung, Potsdamer Str. 33, 10785 Berlin
Art/Umfang des Nachlasses: 9 Kästen
Inhalt des Nachlasses: Werkmanuskripte, Korrespondenz
Bearbeitungszustand: Teilweise bearbeitet

Becker, Carl Heinrich (1876 – 1933)
Islamwissenschaftler

Verwahrungsort: Geheimes Staatsarchiv, Preußischer Kulturbesitz, Berlin-Dahlem, Archivstr. 12/14, 14195 Berlin
Art/Umfang des Nachlasses: 19 lfd. Meter
Inhalt des Nachlasses: Werkmanuskripte, Korrespondenz
Bearbeitungszustand: Bearbeitet
Findmittel: Findbuch und Kartei, Rep. 92 NL Carl-Heinrich Becker
Zugang: Beschränkt zugänglich, Depositum

Bergmann, Gustav von (1878 – 1955)
Arzt (behandelte den König von Ägypten)

Verwahrungsort: Universitätsarchiv der Humboldt-Universität, Eichborndamm 113, 13403 Berlin
Art/Umfang des Nachlasses: Familiennachlaß, 15 Kisten
Inhalt des Nachlasses: U.a. Korrespondenz, persönliche Papiere, Manuskripte
Bearbeitungszustand: Teilweise bearbeitet

Blücher, Wipert von (1883 – 1993)
Diplomat u.a. in Iran

Verwahrungsort: Politisches Archiv des Auswärtigen Amtes, Kurstr. 33, 10117 Berlin

---

*   Diese Aufstellung enthält nur eine Auswahl von Nachlässen; weitere Angaben befinden sich bei Jan Georg Deutsch/Ingeborg Halene, Afrikabezogene Nachlässe in den Bibliotheken und Archiven der Bundesländer Berlin, Brandenburg und Mecklenburg-Vorpommern, Berlin 1997, und Ludmila Hanisch, Verzeichnis der Orientalistennachlässe in deutschen Bibliotheken und Archiven, Halle/Saale 1997.

Inhalt des Nachlasses: Erinnerungen betr. Marokko; Persisches Tagebuch 1931-1935

Braune, Walther (1900 – 1990)
Islamwissenschaftler

Verwahrungsort: Institut für Religionswissenschaft, Freie Universität Berlin, Altensteinstr. 40, 14195 Berlin
Art/Umfang des Nachlasses: 13 Kartons
Inhalt des Nachlasses: Werkmanuskripte, Korrespondenz, Sonderdrucke
Findmittel: Kutzner, H. (Hg.), Findbuch. Berlin 1992/1993

Brugsch, Heinrich Ferdinand Karl [-Pascha] (1827 – 1894)
Ägyptologe

Verwahrungsort: Deutsches Archäologisches Institut, Podbielskiallee 69-71, 14195 Berlin
Art/Umfang des Nachlasses: Teilnachlaß
Inhalt des Nachlasses: Korrespondenz

Brugsch, Heinrich Ferdinand Karl [-Pascha] (1827 – 1894)

Verwahrungsort: Archiv der Berlin-Brandenburgischen Akademie der Wissenschaften, Jägerstraße 22/23, 10117 Berlin
Art/Umfang des Nachlasses: Teilnachlaß, 1 Kasten (Kopien von im Familienbesitz befindlichen Originaldokumenten)
Inhalt des Nachlasses: Vorwiegend Ehren- und Ernennungsurkunden
Bearbeitungszustand: Unbearbeitet

Ebers, Georg Moritz (1837 – 1898)
Orientalist, Romanschriftsteller

Verwahrungsort: Staatsbibliothek, Preußischer Kulturbesitz, Handschriftenabteilung, Potsdamer Str. 33, 10785 Berlin
Art/Umfang des Nachlasses: 47 Kästen, Kapseln, Mappen, 1 Rolle
Inhalt des Nachlasses: Kollegaufzeichnungen, Tagebücher, Sonderdrucke, Zeitungen, Urkunden, Nachrufe, Umfangreiche Korrespondenz mit Adolf Erman, Gaston Maspéro, Eduard Meyer sowie Emily Ruete (Prinzessin von Sansibar)
Findmittel: Vorhanden
Weitere Hinweise: Denecke/Brandis, S. 76; GSNL I.148, II.98, III.202

Emin Pascha, d. i. Eduard Schnitzer (1840 – 1892)
Forschungsreisender

Verwahrungsort: Bundesarchiv Berlin, Finckensteinallee 63, 12205 Berlin
Art/Umfang des Nachlasses: Teilnachlaß
Inhalt des Nachlasses: Korrespondenz, Personalpapiere, Fotos, Niederschriften
in arabischer Schrift, Visitenkarten, Originalvertrag mit ‚Häuptlingen' in
Deutsch-Ostafrika, Zeitungsausschnitte
Weitere Hinweise: GSNL, II.104, III.215; Mommsen, Nr. 884

Emin Pascha, d. i. Eduard Schnitzer (1840 – 1892)

Verwahrungsort: Institut für systematische Zoologie, Naturhistorisches Institut
der Humboldt-Universität, Historische Arbeitsstelle, Invalidenstr. 43, 10115 Ber-
lin
Art/Umfang des Nachlasses: Teilnachlaß
Inhalt des Nachlasses: Liste über nach Berlin versandte Tiere, Briefe zu den
Sendungen bzw. entsprechende Erwerbungsakten
Bearbeitungszustand: Nicht erschlossen

Ettel, Erwin (1895 – 1971)
Diplomat u.a. in Iran

Verwahrungsort: Politisches Archiv des Auswärtigen Amtes, Kurstr. 33,
10117 Berlin
Inhalt des Nachlasses: Persönliche Papiere 1919-1969; „Deutscher Funkdienst"
1939-1941 (Nachrichtenblatt der deutschen Gesandtschaft in Teheran zur Unter-
richtung der deutschen Kolonie)

Feder, Artur (1887 – ?)
Vertreter des Mannesmann-Konzerns in Marokko

Verwahrungsort: Bundesarchiv Berlin, Finckensteinallee 63, 12205 Berlin
Art/Umfang des Nachlasses: Überwiegend persönlicher Nachlaß
Inhalt des Nachlasses: Korrespondenz mit der Familie, Fotografien, Firmenkor-
respondenz

Graf, Karl Heinrich (1815 – 1869)
Theologe

Verwahrungsort: Staatsbibliothek, Preußischer Kulturbesitz, Handschriftenabteilung, Potsdamer Str. 33, 10785 Berlin

Art/Umfang des Nachlasses: Teilnachlaß
Inhalt des Nachlasses: Korrespondenz (1 Bd. Briefwechsel mit Fleischer)

Halil Edhem Bey (1861-1938)

Verwahrungsort: Deutsches Archäologisches Institut, Podbielskiallee 69-71, 14195 Berlin
Art/Umfang des Nachlasses: Splitternachlaß, 0,3 lfd. Meter
Bearbeitungszustand: Unbearbeitet

Hentig, Werner Otto von (1886 – 1984)
Diplomat, ehem. Leiter des Orientreferats im Auswärtigen Amt

Verwahrungsort: Politisches Archiv des Auswärtigen Amtes, Kurstr. 33, 10117 Berlin
Inhalt des Teilnachlasses: Handakten, dienstliche Papiere
Findmittel: Vorläufiges Verzeichnis

Krencker, Daniel (1874 – 1941)
Forschungsreisender, Architekt und Professor für Baugeschichte

Verwahrungsort: Deutsches Archäologisches Institut, Podbielskiallee 69-71, 14195 Berlin
Art/Umfang des Nachlasses: 8 Kästen
Inhalt des Nachlasses: Skizzen- und Reisetagebücher (u. a. Algerienreise 1913), Fotos, Postkarten, Korrespondenz, Manuskripte
Weitere Hinweise: Denecke/Brandis S. 200; Mommsen Nr. 2096

Kühnel, Ernst (1882 – 1964)
Kunsthistoriker

Verwahrungsort: Deutsches Archäologisches Institut, Podbielskiallee 69-71, 14195 Berlin
Art/Umfang des Nachlasses: Mehrere Kästen
Inhalt des Nachlasses: Notizbücher mit Fundlisten, Grabungsbücher, Tagebücher, Fotos, Dias, Korrespondenz, Manuskripte, Sonderdrucke
Weitere Hinweise: Denecke/Brandis, S. 204

Lepsius, Richard (1810 – 1884)
Ägyptologe

Verwahrungsort: Deutsches Archäologisches Institut, Podbielskiallee 69/71, 14195 Berlin
Art/Umfang des Nachlasses: 0,15 lfd. Meter
Inhalt des Nachlasses: Korrespondenz
Findmittel: Briefeverzeichnis
Weitere Hinweise: Denecke/Brandis, S. 218; GSNL, I.45a, III.542; Mommsen, Nr. 2220

Lepsius, Richard (1810 – 1884)

Verwahrungsort: Staatsbibliothek, Preußischer Kulturbesitz, Handschriftenabteilung, Potsdamer Str. 33, 10785 Berlin
Art/Umfang des Nachlasses: 2 lfd. Meter, 1 Kasten, 3 Mappen
Inhalt des Nachlasses: Werkmanuskripte
Findmittel: Vorhanden

Lepsius, Richard (1810 – 1884)

Verwahrungsort: Staatliche Museen zu Berlin, Preußischer Kulturbesitz, Ägyptisches Museum und Papyrussammlung, Bodestraße 1-3, 10178 Berlin
Art/Umfang des Nachlasses: Teilnachlaß
Inhalt des Nachlasses: 3 große Tagebücher und 10 kleinere Notizbücher zur Preußischen Expedition nach Ägypten und Äthiopien (1842 – 1845)
Bearbeitungszustand: Nicht erschlossen
Zugang zu den Dokumenten: Die Tagebücher der Expedition befinden sich als Dauerleihgabe in der Berlin-Brandenburgischen Akademie der Wissenschaften, Altägyptisches Wörterbuch, Unter den Linden 8, 10117 Berlin, Telefon 2661930, Fax 2661934.

Lepsius, Richard (1810 – 1884)

Verwahrungsort: Naturhistorisches Forschungsinstitut der Humboldt-Universität, Institut für systematische Zoologie, Historische Arbeitsstelle, Invalidenstr. 43, 10115 Berlin
Art/Umfang des Nachlasses: Splitternachlaß, 1 Mappe
Inhalt des Nachlasses: Korrespondenz (21 Briefe), Eingangsverzeichnisse

Litten, Wilhelm (1880 – 1932)
Diplomat u.a. im Irak

Verwahrungsort: Politisches Archiv des Auswärtigen Amtes, Kurstr. 33, 10117 Berlin
Inhalt des Nachlasses: Manuskript „Schicksalsfahrten. Erlebnisse in Persien und anderen Ländern"

Littmann, Ludwig Richard Enno (1875 – 1958)
Orientalist

Verwahrungsort: Staatsbibliothek, Preußischer Kulturbesitz, Handschriftenabteilung, Potsdamer Str. 33, 10785 Berlin
Art/Umfang des Nachlasses: 121 Kästen, 3 Mappen, 1 Kiste, 2 Rollen
Inhalt des Nachlasses: Werkmanuskripte, Korrespondenz, Sonderdrucke, Sammlung orientalischer Handschriften, Expeditionstagebücher, Notizbücher
Bearbeitungszustand: Bearbeitet. Einige persönliche Nachlaßmaterialien verblieben bei den Erben.
Findmittel: Vorhanden
Zugang zu den Dokumenten: Beschränkt zugänglich
Weitere Hinweise: GSNL, II.288

Lüders, Heinrich (1869 – 1943)
Indologe

Verwahrungsort: Archiv der Berlin-Brandenburgischen Akademie der Wissenschaften, Jägerstraße 22/23, 10117 Berlin
Art/Umfang des Nachlasses: 9 Kästen
Inhalt des Nachlasses: Werkmanuskripte, Korrespondenz, Sonderdrucke
Bearbeitungszustand: Unbearbeitet

Luschan, Felix von (1864 – 1924)
Völkerkundler

Verwahrungsort: Staatsbibliothek, Preußischer Kulturbesitz, Handschriftenabteilung, Potsdamer Str. 33, 10785 Berlin
Art/Umfang des Nachlasses: Teilnachlaß, 66 Kästen
Inhalt des Nachlasses: Korrespondenz, Manuskripte, Arbeitsmaterial, Karten (u. a. Libyen), Tagebuch, Fotos, Sonderdrucke, Druckfahnen, Personalpapiere, Zeitungsausschnitte
Weitere Hinweise: Denecke/Brandis, S. 229; GSNL, I.404

Mann, Oskar (1867 – 1946)
Iranist

Verwahrungsort: Archiv der Berlin-Brandenburgischen Akademie der Wissenschaften, Jägerstraße 22/23, 10117 Berlin
Art/Umfang des Nachlasses: 2 Kästen
Inhalt des Nachlasses: Werkmanuskripte (Arbeitsmaterial zu iranischen Dialekten)
Bearbeitungszustand: Teilweise bearbeitet

Mann, Oskar (1867 – 1946)

Verwahrungsort: Staatsbibliothek, Preußischer Kulturbesitz, Handschriftenabteilung, Potsdamer Str. 33, 10785 Berlin
Art/Umfang des Nachlasses: 16 Kästen
Inhalt des Nachlasses: Werkmanuskripte, Korrespondenz, Sonderdrucke
Bearbeitungszustand: Teilweise bearbeitet

Melchers, Wilhelm (1900 – 1971)
Diplomat, ehem. Leiter des Orientreferats im Auswärtigen Amt

Verwahrungsort: Politisches Archiv des Auswärtigen Amtes, Kurstr. 33, 10117 Berlin
Inhalt des Nachlasses: Handakten zu Ägypten, Afghanistan, Arabien, Iran, Irak, Palästina, Türkei bis 1945

Nachtigal, Gustav (1834 – 1885)
Forschungsreisender

Verwahrungsort: Staatsbibliothek, Preußischer Kulturbesitz, Handschriftenabteilung, Potsdamer Str. 33, 10785 Berlin
Art/Umfang des Nachlasses: Teilnachlaß, 21 Kästen
Inhalt des Nachlasses: Korrespondenz, Manuskripte, Reisetagebücher, geographische Tabellen, Skizzen und Karten eigener Reisen, Fotos, Urkunden
Weitere Hinweise: Denecke/Brandis, S. 258; GSNL, I.451, II.332, III.631; Mommsen, Nr. 2634

Nadolny, Rudolf (1873 – 1953)
Diplomat u.a. in der Türkei

Verwahrungsort: Politisches Archiv des Auswärtigen Amtes, Kurstr. 33, 10117 Berlin

Inhalt des Nachlasses: Korrespondenz 1908-1953, politische Aufsätze 1919-1933
Findmittel: Findbuch

Niebuhr, Carsten (1733 – 1815)
Forschungsreisender

Verwahrungsort: Archiv der Berlin-Brandenburgischen Akademie der Wissenschaften, Jägerstr. 22-23, 10117 Berlin
Art/Umfang des Nachlasses: Teilnachlaß, 1 Kasten
Inhalt des Nachlasses: Korrespondenz, Manuskripte
Bearbeitungszustand: Provisorisch erfaßt
Weitere Hinweise: Denecke/Brandis, S. 262; Mommsen, Nr. 2664

Nöldeke, Theodor (1836 – 1930)
Arabist

Verwahrungsort: Staatsbibliothek, Preußischer Kulturbesitz, Handschriftenabteilung, Potsdamer Str. 33, 10785 Berlin
Art/Umfang des Nachlasses: Teilnachlaß im Nachlaß Enno Littmann, 5 Kästen
Inhalt des Nachlasses: Werkmanuskripte, Korrespondenz, Sonderdrucke
Zugang zu den Dokumenten: Beschränkter Zugang
Weitere Hinweise: Littmann, E.: Der wissenschaftliche Nachlaß Nöldeke. Zeitschrift für Bibliothekswesen, 50 (1933), S. 137ff. und 256f.

Petermann, Julius Heinrich (1801 – 1876)
Geograph

Verwahrungsort: Staatsbibliothek, Preußischer Kulturbesitz, Handschriftenabteilung, Potsdamer Str. 33, 10785 Berlin
Art/Umfang des Nachlasses: 1 Kasten
Inhalt des Nachlasses: Korrespondenz
Bearbeitungszustand: Teilweise bearbeitet

Peters, Carl (1856 – 1918)
Forschungsreisender, Kolonialpolitiker

Verwahrungsort: Bundesarchiv Berlin, Finckensteinallee 63, 12205 Berlin
Art/Umfang des Nachlasses: Echter Nachlaß
Inhalt des Nachlasses: Korrespondenz, Tätigkeitsberichte über Arbeit in Afrika (Vertragsabschlüsse), Expeditionstagebücher, Korrespondenz und Druckmaterial

zum sog. Peters-Prozeß 1907, Manuskripte, Familienarchiv Peters, Zeitungsartikel
Weitere Hinweise: Denecke/Brandis, S. 276; Mommsen, Nr. 2790

Pfeil und Klein-Ellguth, Joachim Graf von (1857 – 1924)
Forschungsreisender, Kolonialpolitiker

Verwahrungsort: Bundesarchiv Berlin, Finckensteinallee 63, 12205 Berlin
Art/Umfang des Nachlasses: Ca. 1,4 lfd. Meter
Inhalt des Nachlasses: Korrespondenz (u. a. Briefe der Deutsch-Marokkanischen
Gesellschaft), Reise- und Landesbeschreibungen, Tagebücher von Forschungs-
reisen, Briefkopialbücher, Manuskripte, Fotos, Zeitungsartikel, Karten
Weitere Hinweise: Mommsen, Nr. 2805

Prietze, Rudolf (1854 – 1933)
Afrikanist

Verwahrungsort: Geheimes Staatsarchiv, Preußischer Kulturbesitz, Archivstr. 12-14,
14195 Berlin
Art/Umfang des Nachlasses: 1 Karton
Inhalt des Nachlasses: Werkmanuskripte, Korrespondenz, Sonderdrucke
Bearbeitungszustand: Unbearbeitet
Zugang: Beschränkt zugänglich

Radowitz, Josef Maria von (1839 – 1912)
Diplomat u.a. im Osmanischen Reich

Verwahrungsort: Politisches Archiv des Auswärtigen Amtes, Kurstr. 33, 10117
Berlin
Inhalt des Nachlasses: Fotoalben u.a. zur Türkei, zum Kaiserbesuch in Konstan-
tinopel 1889 und zur Anatolischen Eisenbahn

Reckendorf, Hermann (1863 – 1924)
Arabist, Semitist

Verwahrungsort: Staatsbibliothek, Preußischer Kulturbesitz, Handschriftenabtei-
lung, Potsdamer Str. 33, 10785 Berlin
Art/Umfang des Nachlasses: 12 Kästen
Inhalt des Nachlasses: Werkmanuskripte, Korrespondenz
Bearbeitungszustand: Teilweise bearbeitet

Roehl, Karl (1870 – 1951)
Theologe, Afrikaforscher

Verwahrungsort: Staatsbibliothek Preußischer Kulturbesitz, Handschriftenabteilung, Potsdamer Str. 33, 10785 Berlin
Art/Umfang des Nachlasses: Teilnachlaß, 5 Kisten
Inhalt des Nachlasses: U. a. Material zu einem Swahili-Wörterbuch
Bearbeitungszustand: Nicht erschlossen
Zugang: Nicht verfügbar

Rößler, Walter (1871 – 1929)
Konsul in Jaffa und in Aleppo

Verwahrungsort: Politisches Archiv des Auswärtigen Amtes, Kurstr. 33, 10117 Berlin
Inhalt des Nachlasses: Korrespondenz mit Wilhelm Waßmuß, Materialien zum Prozeß gegen den Talât-Attentäter Teilirian
Findmittel: Findbuch

Ruben, Walter (1899 – 1982)
Indologe

Verwahrungsort: Archiv der Berlin-Brandenburgischen Akademie der Wissenschaften, Jägerstraße 22/23, 10117 Berlin
Art/Umfang des Nachlasses: 13 Kästen
Inhalt des Nachlasses: Werkmanuskripte, Korrespondenz
Bearbeitungszustand: Unbearbeitet

Rückert, Friedrich (1788 – 1866)
Orientalist, Dichter

Verwahrungsort: Staatsbibliothek, Preußischer Kulturbesitz, Handschriftenabteilung, Potsdamer Str. 33, 10785 Berlin
Art/Umfang des Nachlasses: 6 Kästen, 3 Handschriften sowie ein Notizenband
Inhalt des Nachlasses: Werkmanuskripte
Bearbeitungszustand: Teilweise bearbeitet
Findmittel: Vorhanden
Weitere Hinweise: Zeitungsartikel in: *Schweinfurter Tageblatt*, 8.5.1963

Ruska, Julius (1867 – 1949)
Arabist

Verwahrungsort: Staatsbibliothek, Preußischer Kulturbesitz, Handschriftenabteilung, Potsdamer Str. 33, 10785 Berlin
Art/Umfang des Nachlasses: Teilnachlaß, 0,25 lfd.Meter im Nachlaß E. Ruska
Inhalt des Nachlasses: Werkmanuskripte, Korrespondenz

Sachau, Eduard (1845 – 1930)
Orientalist

Verwahrungsort: Geheimes Staatsarchiv, Preußischer Kulturbesitz, Archivstr. 12-14, 14195 Berlin
Art/Umfang des Nachlasses: Splitternachlaß, 0,1 m
Inhalt des Nachlasses: Korrespondenz
Bearbeitungszustand: Unbearbeitet
Findbuch: Rep. 92 NL Sachau
Zugang: Beschränkt zugänglich

Schabinger von Schowingen, Karl Emil (1877 – 1967)
Konsul u.a. in Jaffa; ehem. Leiter der Nachrichtenstelle für den Orient in Berlin

Verwahrungsort: Politisches Archiv des Auswärtigen Amtes, Kurstr. 33, 10117 Berlin
Inhalt des Nachlasses: Material über die Nachrichtenstelle für den Orient; Unterlagen des Konsulats in Jaffa

Schleif, Hans (1902 – 1945)
Archäologe, Architekt, Bauforscher

Verwahrungsort: Deutsches Archäologisches Institut, Podbielskiallee 69-71, 14195 Berlin
Art/Umfang des Nachlasses: Teilnachlaß, 4 Kästen, 1 großformatiger Kasten
Inhalt des Nachlasses: Korrespondenz, Notizbücher, Manuskripte, Zeichnungen, Sonderdrucke, Zeitungsausschnitte
Weitere Hinweise: Denecke/Brandis S. 348

Schlobies, Hans (1904 – 1950)
Semitist, Diplomat

Verwahrungsort: Archiv der Berlin-Brandenburgischen Akademie der Wissenschaften, Jägerstr. 22-23, 10117 Berlin

Art/Umfang des Nachlasses: Teilnachlaß
Inhalt des Nachlasses: Korrespondenz, Manuskripte, (Reise-)Aufzeichnungen, 1 Reisetagebuch (von J. H. Mordtmann?), arabische und persische Handschriften, Fotografien arabischer Handschriften, Sprachübungen und Wortlisten, Erzählungen auf Amharisch, Zeitungsausschnitte, Sonderdrucke
Bearbeitungszustand: Provisorisch erschlossen

Schlobies, Hans (1904 – 1950)

Verwahrungsort: Staatsbibliothek, Preußischer Kulturbesitz, Handschriftenabteilung, Potsdamer Str. 33, 10785 Berlin
Art/Umfang des Nachlasses: Teilnachlaß in einem Nachlaß von Dritten
Bearbeitungszustand: Unbearbeitet

Schmidt, Richard (1866 – 1939)
Indologe

Verwahrungsort: Historischer Fundus der Fachhochschule Eberswalde, Schicklerstraße 3-5, 16225 Eberswalde
Art/Umfang des Nachlasses: Teilnachlaß
Inhalt des Nachlasses: Werkmanuskripte, Korrespondenz

Schmidt, Rochus (1860 – 1938)
Offizier der Kaiserlichen Schutztruppe in Deutsch-Ostafrika (1890), Führer der deutschen Erkundungsmission in der Türkei (1914-1918)

Verwahrungsort: Bundesarchiv Berlin, Finckensteinallee 63, 12205 Berlin
Art/Umfang des Nachlasses: Teilnachlaß, 1 Mappe
Inhalt des Nachlasses: 1 Tagebuch über die Erkundungsmission in der Türkei und das Suez-Unternehmen
Weitere Hinweise: Mommsen, Nr. 3352

Schweinfurth, Georg (1836 – 1925)
Geograph, Forschungsreisender

Verwahrungsort: Staatsbibliothek, Preußischer Kulturbesitz, Handschriftenabteilung, Potsdamer Str. 33. 10785 Berlin
Art/Umfang des Nachlasses: Teilnachlaß
Inhalt des Nachlasses: 3 Reisetagebücher (Algier, Ägypten), 4 Tagebücher, diverse Materialien

Weitere Hinweise: Denecke/Brandis, S. 346; GSNL, II.443, III.808; Mommsen, Nr. 3495. Ein umfangreicher Bestand (ca. 150 Kästen) befindet sich in Krakow, weitere neun Manuskripte über afrikanische Sprachen in der „Sammlung Darmstädter".

Simon, Richard (1865 – 1934)
Indologe

Verwahrungsort: Staatsbibliothek, Preußischer Kulturbesitz, Handschriftenabteilung, Potsdamer Str. 33, 10785 Berlin
Art/Umfang des Nachlasses: 8 Karteikästen, 9 Kästen handschriftliche Materialien
Inhalt des Nachlasses: Werkmanuskripte, Tagebücher, Korrespondenz
Bearbeitungszustand: Unbearbeitet
Findmittel: Inhaltsverzeichnis vorhanden
Zugang zu den Dokumenten: Beschränkt zugänglich

Sprenger, Aloys (1813 – 1893)
Orientalist

Verwahrungsort: Staatsbibliothek, Preußischer Kulturbesitz, Handschriftenabteilung, Potsdamer Str. 33, 10785 Berlin
Art/Umfang des Nachlasses: 7 Kästen, 12 Faszikel
Inhalt des Nachlasses: Werkmanuskripte, Sonderdrucke
Bearbeitungszustand: Teilweise bearbeitet
Findmittel: Liste
Weitere Hinweise: Denecke/Brandis, S. 358; GSNL, I.597

Unbekannter Reisender aus Paris (19. Jahrhundert)

Verwahrungsort: Staatsbibliothek Preußischer Kulturbesitz, Handschriftenabteilung, Potsdamer Str. 33, 10785 Berlin
Art/Umfang des Nachlasses: Bruchstück
Inhalt des Nachlasses: 1 Reisetagebuch von 210 Seiten (Tagebuch einer Reise mit Marcel de Brayer nach Ägypten)
Bearbeitungszustand: Erfaßt, aber unbearbeitet

Virchow, Rudolf (1821 – 1902)
Arzt, Anthropologe, Forschungsreisender

Verwahrungsort: Archiv der Berlin-Brandenburgischen Akademie der Wissenschaften, Jägerstr. 22 – 23, 10117 Berlin
Art/Umfang des Nachlasses: Teilnachlaß, ca. 100 Kästen
Inhalt des Nachlasses: Korrespondenzen, Manuskripte
Weitere Hinweise: Denecke/Brandis, S. 389; GSNL, I.647, II.498, III.896; Mommsen, Nr. 3938

Virchow, Rudolf (1821 – 1902)

Verwahrungsort: Universitätsarchiv der Humboldt-Universität, Eichborndamm 113, 13403 Berlin
Art/Umfang des Nachlasses: Teilnachlaß, ca. 4 lfd. Meter
Inhalt des Nachlasses: Ehrenmitgliedschaften, -präsidentschaften und -bürgerschaften, Studien-, Promotions- und Habilitationsunterlagen

Virchow, Rudolf (1821 – 1902)

Verwahrungsort: Staatsbibliothek, Preußischer Kulturbesitz, Handschriftenabteilung, Potsdamer Str. 33, 10785 Berlin
Art/Umfang des Nachlasses: 2 Kästen
Inhalt des Nachlasses: Manuskripte, Korrespondenz, Fotos, Drucke

Waßmuß, Wilhelm (1880 – 1931)
Konsul in Bushire

Verwahrungsort: Politisches Archiv des Auswärtigen Amtes, Kurstr. 33, 10117 Berlin
Findmittel: Magazinliste

Wetzstein, Johann Gottfried (1815 – 1905)
Arabist, Diplomat

Verwahrungsort: Staatsbibliothek, Preußischer Kulturbesitz, Handschriftenabteilung, Potsdamer Str. 33, 10785 Berlin
Art/Umfang des Nachlasses: 7 Kästen
Inhalt des Nachlasses: Werkmanuskripte, Korrespondenz, Sonderdrucke
Findmittel: Vorhanden
Weitere Hinweise: Huhn, Ingeborg: Der Orientalist Johann Gottfried Wetzstein als preußischer Konsul in Damaskus (1849-1861), Berlin 1989

Zöller, Hugo (1852 – 1933)
Schriftsteller, Forschungsreisender, Kriegsberichterstatter beim britischen Heer in Ägypten (1882)

Verwahrungsort: Bundesarchiv Berlin, Finckensteinallee 63, 12205 Berlin
Art/Umfang des Nachlasses: Teilnachlaß
Inhalt des Nachlasses: Zeitungsartikel über Kolonien und über Zöllers Weltreise, Artikel von Zöller als Berichterstatter beim englischen Heer in Ägypten, Kartenskizzen aus Westafrika
Weitere Hinweise: Mommsen, Nr. 4252

4. MEDIEN

4.1 Arabische, iranische, kurdische und türkische Periodika

BTBTM-Magazin

Herausgeber

Türkisches Wissenschafts- und Technologiezentrum e.V.
Berlin Türk Bilim ve Teknoloji Merkezi (BTBTM)
c/o H 2130
Koordinationsbüro
Straße des 17. Juni 135
10623 Berlin
Telefon: 31424800
E-Mail: BTBTM@tu-berlin.de

Das Magazin erscheint alle drei Monate in Deutsch und Türkisch.

Gahname/Gāhnāma

Herausgeber

Verein Iranischer Naturwissenschaftler und Ingenieure in der Bundesrepublik Deutschland (VINI) e.V. ·
Zentrum Technik und Gesellschaft der TU Berlin
Sekretariat HAD 38 VINI
Hardenbergstr. 4-5
10623 Berlin
Telefon: 31425916
Fax: 31426917
E-Mail: vini@cct-berlin.de
Internet: http://www.vini.de

Erscheint unregelmäßig ein- bis zweimal im Jahr

Ibensinna Ärzteblatt (Deutsch-Arabisch)

Herausgeber

Palästinensische Ärzte- und Apothekervereinigung Deutschland e.V.

Dr. med. Ali Maarouf
Neudecker Weg 143a
12355 Berlin
Telefon: 66920263
Fax: 66461266

Islamische Zeitung

Herausgeber
Abu Bakr Rieger

Chefredakteur
Sulaiman Wilms
Postfach 201206
14412 Potsdam
Telefon: 0331-2706303
Fax: 0331-2706067
E-Mail: info@islamische-zeitung.de
Internet: www.islamische -zeitung.de

Kafdağı
Fikir sanat edebiyat dergisi
Türkische Zeitschrift für Literatur

Redaktion
Kemal Aykut
Dessauer Str.10
10963 Berlin
Telefon/Fax: 2628496
E-Mail: kemal_aykut@hotmail.com

Kurdistan Report
Kurdistan Informations-Zentrum e.V.

Redaktion
Kaiser-Friedrich-Str. 63
Postfach 121122
10605 Berlin
Telefon: 32764023
Fax 32764025

E-Mail: KurdistanIZ@aol.com
Internet: http://www.nadir.org

Liga-Report

Herausgeber
Liga zur Verteidigung der Menschenrechte im Iran e.V.
Dahlmannstr. 31
10629 Berlin
Telefon: 3247186

al-Liqā' al-'arabī
Politisch unabhängiges arabisches Journal

Chefredakteur
Ali Ayyad
Seydelstr. 28
10117 Berlin
Telefon: 23620795
Fax: 23621024
E-Mail: aliqaalarabi@hotmail.com

Erscheint monatlich

Mitteilungsblatt (Našra I'lāmīya)

Herausgeber
OMRAS/D e.V. (Organisation für Menschenrechte in den Arabischen Staaten/Deutschland)
Franz-Mehring-Platz 1
10243 Berlin
Telefon: 29490013
Fax: 29490530
E-Mail: omras@t-online.de
Internet: http://omras.virtualav.net

Das Mitteilungsblatt erscheint als vierteljährliches Informationsheft. Es berichtet regelmäßig auch über die Beratungs- und Betreuungstätigkeit des OMRAS-Projektes Dar al-Maschura.

ar-Rābiṭa

Unabhängige arabische Zeitschrift über europäisch-arabische Beziehungen

Chefredakteur

Dr. Fawzi A. Ghafari
Postfach 180121
10205 Berlin
Telefon: 24149 67
Fax: 2412974
E-Mail: bouhamad1@hotmail.com

Erscheint monatlich

SEKO

Herausgeber
Awadani e.V.

Chefredakteur

Pechrew Said
Nehringstr. 12
14059 Berlin
Telefon: 3215085
Fax: 3215084
E-Mail: awadani@aol.com

Die kurdische Publikation erscheint monatlich.

4.2 Sonstige Veröffentlichungen

algeria-watch-Infomappe

Herausgeber

algeria-watch e.V.
Postfach 360164
10997 Berlin
Telefon: 069-791236160
Fax: 069 791236160
E-Mail: algeria-watch@gmx.net
Internet: http://www.algeria-watch.de

Die Infomappe erscheint viermal im Jahr.

Der Arabische Almanach
Zeitschrift für orientalische Kultur

Herausgeber

Stefan Trudewind
Frank & Frei Verlag
Muskauer Str. 4
10997 Berlin
Telefon: 61280359
Fax: 61073261
E-Mail: trudewind@usa.net

asien afrika lateinmerika

Herausgeber
Prof. Dr. Hartmut Elsenhans, Prof. Dr. Mechthild Leutner, Prof. Dr. Martin Robbe

Redaktion
Prof. Dr. Martin Robbe
Pichelswerderstr.5
13187 Berlin
Telefon: 4814781
Mobiltelefon: 0172-3115682
Internet: http://www.gbhap.com/Asien_Afrika_Lateinamerika

Die wissenschaftliche Zeitschrift erscheint sechsmal im Jahr.

inamo

Berichte und Analysen zu Politik und Gesellschaft, Wirtschaft und Kultur des Nahen und Mittleren Ostens

Herausgeber

INAMO e.V. (Informationsprojekt Naher und Mittlerer Osten)

Vereins- und Redaktionsadresse

Dahlmannstr. 31
10629 Berlin
Telefon: 86421845
E-Mail: Redaktion@inamo.de
Internet: http://www.inamo.de

Indonesien Information

Herausgeber

Watch Indonesia, Arbeitsgruppe für Demokratie, Menschenrechte und Umweltschutz in Indonesien e.V.
Planufer 92 d
10967 Berlin
Telefon/Fax: 69817938
E-Mail: watchindonesia@snafu.de
Internet: http://home.snafu.de/watchin

Die Zeitschrift erscheint mehrmals im Jahr.

Palästina-Journal

Herausgeber

Deutsch-Palästinensische Gesellschaft e.V. (DPG)
Karl-Marx-Str. 150
12043 Berlin
Telefon: 68809236
Fax: 68809237
E-Mail: depege@snafu.de
Internet: http://www.dpg-netz.de

Vierteljahreszeitschrift

Palästina-Nachrichten - Mitteilungen der Vereinigung der Freunde Palästinas

Herausgeber
Vereinigung der Freunde Palästinas in Berlin und Brandenburg e.V.
c/o Klaus Polkehn
Oststr. 17
12487 Berlin
E-Mail: klauspolkehn@t-online.de

Online-Ausgabe

TOP - Berlin International
Ein Informationsforum

Herausgeber
Senatsverwaltung für Arbeit, Soziales und Frauen - Ausländerbeauftragte

Redaktion
Dr. Dieter Götze
Potsdamer Str. 65
10785 Berlin
Telefon: 90172381
Fax: 2625407
e-mail: Dieter.Goetze@auslb.verwalt-berlin.de

Erscheint monatlich

Veröffentlichungen der Ausländerbeauftragten (Auswahl)

Einheit in der Vielheit - Weltreligionen in Berlin (2. Aufl. 1993, Gabriele Yonan)

Iraner in Berlin (1994, Bahman Nirumand/Gabriele Yonan)

Eine Geschichte von mehr als 100 Jahren. Die Anfänge der afrikanischen Diaspora in Berlin (1995, Paulette Reed-Anderson)

Die Ehre in der türkischen Kultur. Ein Wertsystem im Wandel (7. Aufl. 1997, Krisztina Kehl)

Inder in Berlin (1997, Joachim Osterheld/Lothar Günther)

Alla Turca. Musik aus der Türkei in Berlin (1997, Martin Greve)

Araber in Berlin (1998, Frank Gesemann/Gerhard Höpp/Haroun Sweis)

Das Türkische Berlin (2. Aufl. 1998, Martin Greve/Tülay Cinar)

Moscheen und islamisches Leben in Berlin (1999, Gerdien Jonker/Andreas Kapphan)

Die Wolga an der Spree –Tataren und Baschkiren in Berlin (2000, Sebastian Cwiklinski)

Der Islam und die Muslime. Geschichte und religiöse Traditionen (2001, Peter Heine/Baber Johansen/Fritz Steppat)

Die Veröffentlichungen können im Büro der Ausländerbeauftragten erworben werden.

4.3 Rundfunk

RADIOmultikulti

FM 106,8 MHz, Kabel 91,6 MHz, AM 567 kHz (592 m)
DAB Block C Kanal 8

Masurenallee 8-14
14057 Berlin
Telefon: 30313020
Fax: 30313029
E-Mail: multikulti@sfb.de
Internet: http://www.multikulti.de

Arabisch

Mo., Mi., Fr. und So.: 20.00-20.30 Uhr

Kurdisch

Di. und Do.: 20.00-20.30 Uhr
So.: 21.00– 21.30 Uhr

Persisch

So:19.00-19.30 Uhr

Türkisch

Mo.-So.: 17.00-18.00 Uhr

Weltmusik à la carte
Sa.: 13.00-15.00 Uhr

Haydi Hop
Musik aus der Türkei und das Neueste aus der türkischen Community in Berlin
Sa: 15.00-16.00 Uhr

Nordafrika und der Orient
jeden 3. Samstag
16-17 Uhr

Global Dance Hall
(von Rai bis Asian Underground)
Sa.: 18.00-20.00 Uhr

Radio Kanaka International
Sa.: 17.00-18.00 Uhr

Von Abraham bis Zarathustra
Menschen und ihre Religion auf RADIOmultikulti – Glaubensgemeinschaften der
Welt in Berlin
So.: 8.00-8.20 Uhr

Papyros – Literarische Streifzüge
Bücher und Autoren aus aller Welt
So.: 8.20-9.00 Uhr

Viadukt. Das Forum
So.: 16.05-17.00 Uhr

4.4 Fernsehen

Aypa-TV (informelles Magazin)
Berliner Spreekanal

Nollendorfer Str. 101
13585 Berlin
Telefon: 2427272
Fax: 3732066
E-Mail: aypa-tv@aypa.de
Internet: http://www.aypa.net

Offener Kanal

Voltastr. 5
13355 Berlin
Telefon: 4640050
Fax: 46400598
E-Mail: info@okb.de
Internet: http://www.okb.de

Der Offene Kanal stellt (kostenlos) Sendezeit zur Verfügung. Die Macher sind für
ihre Beiträge selbst verantwortlich und können zur Rechenschaft gezogen werden.

TD 1
Türkisch-deutschsprachiges Kabelfernsehen

Pankstr. 53-54
13357 Berlin
Telefon: 460080
Fax: 46008120
Internet: http://www.Td1.de

TFD Türkisches Fernsehen in Deutschland

Boppstraße 4
10967 Berlin
Telefon: 6941054
Sendet täglich von 18.30-19.30 Uhr

TV 1 (TV Yek)
Berliner Spreekanal

Kleiststr. 41
10787 Berlin
Telefon: 25298088
Fax: 25298089

Sendet sonntags von 12.00-13.00 Uhr in Persisch

4.5 Verlage

Verlag Hans Schiler

Fidicinstr. 29
10965 Berlin
Telefon: 3228523
Fax: 3225183
E-Mail: info@verlag-hans-schiler.de
Internet: www.verlag-hans-schiler.de

Wissenschaftliche Reihen
Indus
Nahost-Studien
SMIO. Studien zum modernen islamischen Orient
Working Papers on African Societies/Documents de travail sur les sociétés africaines

Literarische Reihen
Arabische Literatur
Klassische persische Literatur

Edition Orient

Stefan Trudewind
Muskauer Straße 4
10997 Berlin
Telefon: 61280361
Fax: 61073291
E-Mail: edition_orient@web.de

Reihen
Illustrierte Volksmärchen
Der orientalische Diwan - Poesie
Frauen aus dem Orient erzählen.
Zweisprachige Reihe Arabisch-Deutsch
Dienstleistungen: Arabischer und persischer Satz/layout

Klaus Schwarz Verlag

Postfach 410240
12112 Berlin
Bergstr.2
12169 Berlin
Telefon/Fax: 7922944
E-Mail: info@klaus-schwarz-verlag.com
Internet: http://www.klaus-schwarz-verlag.com

Reihen

Anor

Arbeitshefte des Zentrums Moderner Orient
Beiruter Blätter
Bibliotheca Islamica
Bibliotheca Orientalis Hungarica
Islamkundliche Untersuchungen
Islamwissenschaftliche Quellen und Texte aus deutschen Bibliotheken
Islamkundliche Materialien
Istanbuler Almanach
Materialien zur Afrikakunde
Philologiae Turcicae Fundamenta
Reprints
Sozialanthropologische Arbeitspapiere
Studien des Zentrums Moderner Orient
Studien zum modernen islamischen Orient
Studien zur Sprache, Geschichte und Kultur der Türkvölker
Sprachwissenschaftliche Ergebnisse der deutschen Turfanforschung
Studies on Modern Yemen

Reinhold Schletzer

Mierendorffstr.6
10589 Berlin
Telefon/Fax: 3444829

Reihen
Ethnologische Beiträge zur Circumpolarforschung
Mittelasiatische Studien
Studia Eurasia
Turkmenenforschung

4.6 Kulturelle Zentren

Haus der Kulturen der Welt

John-Foster-Dulles-Allee 10
10557 Berlin
Telefon: 397870
Fax: 394 8679
E-Mail: info@hkw.de
Internet: http://www.hkw.de

Das Haus der Kulturen der Welt wird gefördert durch die Senatsverwaltung für Wissenschaft, Forschung und Kultur sowie das Auswärtige Amt.

Programminformation
Mo.-Fr.: 9.00-17.00 Uhr
Telefon: 397870
Das Programm für jeweils zwei Monate wird in einer Broschüre veröffentlicht.

Werkstatt der Kulturen e.V. (WdK)

Wissmannstraße 32
12049 Berlin
Telefon: 6222024
Fax: 622 3519

Die Werkstatt der Kulturen ist ein Ort der Begegnung für Menschen unterschiedlicher Nationalität, Kultur oder Religion. Vereinen, Initiativen und Künstlern wird hier Raum, Technik und Beratung für eigene kulturelle Programme angeboten. Darüber hinaus entwickelt die WdK eigene Programme zur Förderung von Musik, Theater, Literatur und interkulturellem Transfer.

Die Werkstatt gibt ein monatliches Programm heraus.

4.7 Medienvertrieb

Ägyptischer Kulturladen Papyri

Kaiser-Friedrich-Str. 4 a
10585 Berlin
Postfach 100626
10566 Berlin
Telefon: 3411270
Fax: 3411217

Große Hamburger Str. 35
10115 Berlin
Telefon: 40041859

E-Mail: papyri@web.de
Internet: http://www.aegyptischerkulturladenpapyri.de

Buchhandlung, Sprachkurse für Hocharabisch, Übersetzungen

Antiquariat Gothow & Motzke
Fachantiquariat für Orientalistik, Sprachwissenschaften und Ethnologie

Friedelstr. 52
12047 Berlin
Telefon: 61303990
Fax: 61303991

Orient-Buchbazar

Muskauer Str. 4
10997 Berlin
Telefon: 69518971
Fax: 61073291

Import türkischer Bücher, modernes Antiquariat

Regenbogen/Gökkuşağı – Buchhandlung

Adalbertstr. 97
10999 Berlin
Telefon: 61653845
Fax: 61663846
E-Mail: regenbuch@yahoo.de

Türkische Literatur, Sachbücher, Kinderbücher; Übersetzungen aus dem Türkischen, Kassetten und CDs

Saraye Andische
Iranische Buchhandlung

Uhlandstr. 98
10715 Berlin
Telefon: 86397603
Fax: 86397604

Persische Literatur und Sachbücher; CDs und Musikkassetten

ZENTRUM MODERNER ORIENT

ARBEITSHEFTE

STUDIEN

SCHRIFTEN DES ARBEITSKREISES MODERNE UND ISLAM

In Vorbereitung:

ARBEITSHEFTE